진정한 사물인터넷 사용자를 위한

# 하쌤보드로 ESP32 고수되기

저자 하주원

현우사

# 이 책을 펴내며...

주인이 집을 비운 집안에는 많은 일들이 벌어지고 있습니다. 분주히 집을 빠져나온 주인을 대신해 공기청정기는 실내 공기질 상태를 감지하여 스스로 환기시스템을 가동 중입니다. 스마트 냉장고는 유통기한이 얼마 남지 않은 재료를 파악해 소진할 수 있는 저녁 메뉴를 추천해 스마트 폰으로 알려줍니다. 빈 집에 혼자 있을 애완동물의 안부를 한눈에 보여주는 CCTV와 때에 맞춰 먹이를 제공하는 시스템은 혼자 두고 나온 불안함과 미안함을 덜어줍니다. 집과 그리 멀지 않은 곳에 직장을 다니고 있는 나는 걸어서 퇴근할 것입니다. 최근 바빠서 운동량이 부족하다며 경고하는 스마트 시계의 조언도 들을 겸해서 말입니다.

사물인터넷(Internet of Things) 시대를 살고 있는 우리에게 공상 소설 같았던 일들이 익숙한 장면이 되어가고 있습니다. 무선 통신을 통해 각종 사물을 연결하는 기술(IoT)은 우리 삶의 질을 높이는 핵심이 되었으며, 이를 기반으로 한 새로운 아이디어 제품들이 쏟아져 나오고 있는 시대를 살아가고 있습니다.

교육현장에서도 이러한 시대 흐름에 발맞추어 사물인터넷(IoT)의 원리를 이해하고 구현하는 SW교육을 도입하고 싶지만 쉽지 않습니다. 최근에는 교실에 WiFi 시설을 구축해 SW교육이 원활하게 진행되도록 인프라는 갖추어졌지만 이를 구현하기 위한 교구나 교재가 많지 않아 교사들의 마음과 달리 엄두를 내지 못하고 있는 상황입니다. 이에 필자는 진정한 사물인터넷(IoT)을 이용해 메이커가 되고자 하는 이들에게 좀 더 쉽고 유용하게 접근할 수 있도록 도와주고자 합니다.

필자가 이 책에서 소개하고자 하는 것은 ESP32입니다. 현재 메이커들에게 가장 널리 알려진 도구인 Arduino와 달리 ESP32는 별도의 모듈을 추가하지 않고도 기본적으로 와이파이와 블루투스가 내장되어 있습니다. Arduino의 다양한 모델 중에서도 사물인터넷(IoT)을 위한 모델들이 있음에도 ESP32를 추천하는 이유를 독자들은 이 책을 접하면서 알게 될 것입니다. 이제는 사물인터넷(IoT)을 구현하는 것만을 장점으로 내세우기는 어려워졌습니다. 앞으로는 작은 MCU보드들도 인공지능 기술이 많이 요구될 것입니다. 따라서 더 빠른 처리 속도와 더 큰 메모리 용량으로 사물인터넷(IoT)을 구현할 수 있어야 하며, 가격까지 저렴해야 매력적인 도구가 될 수 있습니다. 이러한 요구에서 필자는 ESP32를 추천하는 바입니다.

필자는 현직 교육자로서 SW · AI교육에 관심 있는 이들이 배우는 과정 자체를 즐기며 창의적인 사고를 마음껏 발휘하기를 바라는 마음입니다. 기발한 아이디어는 제시했으나 이를 스스로 구현할 방법이 없어 생각으로만 머물러 있다는 점이 안타까웠습니다. 물론 상상 또는 생각 그 자체만으로도 가치 있는 것이겠지만 자신의 생각을 현실로 만들게 된다면 그 감동은 이루 말할 수 없을 것이며 인생을 바꾸는 계기가 될 수도 있을 것이라 생각합니다.

상상을 넘어 그 이상의 결과를 얻기 위한 행보는 이 책을 선택한 이 순간부터 일어날 것이라고 자부합니다.

강력하고, 매력적인 ESP32를 배우는 과정을 필자도 응원하겠습니다.

# CONTENTS

진정한 사물인터넷 사용자를 위한

# 하쌤보드로 ESP32 고수되기

# 01 ESP32 소개

## ESP32에 대해 알아보자.

ESP32는 아두이노와 같은 용도의 새로운 MCU(마이크로 콘트롤러 유닛) 도구이다. 아두이노보다 고성능이며 3.3V, 32bit로 운용되며 블루투스와 WiFi 모듈이 내장되어 보다 다양한 용도로 사용할 수 있어 점점 사용자가 늘고 있는 추세이다.

ESP32가 널리 사용되면서 선택 가능한 다양한 개발 환경이 있다.

- Espressif IoT Development Framework(IDF)
- Arduino IDE
- MicroPython

첫 번째는 Espressif IoT Development Framework(IDF)이다. 이 환경은 응용 제품, 컴파일러, 라이브러리 등을 개발하는 데 유용한 다양한 항목이 포함되어 있으나 숙련된 소프트웨어 개발자들을 위한 도구이므로 접근이 쉽지 않다. 두 번째로는 Arduino IDE이다. 아두이노용 개발툴(IDE)은 교육적으로 접근이 쉽고 많은 예제를 제공하므로 초보자가 훨씬 쉽게 프로그래밍할 수 있다. 마지막으로 Python이다. MicroPython 커널에서 ESP32 오픈소스를 지원하므로 MicroPython을 ESP32에 로드한 다음 Python 스크립트를 개발할 수 있다.

이 중에서 교재에서는 아두이노 사이트(https://arduino.cc)에서 개발툴을 다운로드 받아 실습을 진행해 보도록 하겠다.

# 02 아두이노, ESP8266, ESP32 성능 비교

## ESP32와 다른 보드 간의 성능을 비교해 보자.

|  |  |  |
|---|---|---|
| [Arduino UNO] | [ESP8266] | [ESP32] |

| Specs | Arduino UNO | ESP8266 | ESP32 |
|---|---|---|---|
| Architecture | 8bit | 32bit | 32bit(Dual core) |
| CPU | 16MHz | 80MHz | 80/160/240MHz |
| WiFi | X | O | O |
| Bluetooth | X | X | O |
| RAM | 2Kbyte | 160Kbyte | 512Kbyte |
| Flash | 32Kbyte | 16Mbyte | 16Mbyte |
| GPIO pins | 14 | 17 | 36 |
| ADC pins | 6(10bit) | 1(10bit) | 16(12bit) |
| DAC pins | X | X | 2 |

ESP32를 현재 메이커들에게 가장 널리 알려진 도구인 아두이노와 비교해 보겠다. 아두이노는 8비트 컴퓨터이자 명령어를 처리하는 코어가 1개인데 반하여 ESP32는 32비트 컴퓨터이고 코어가 2개인 듀얼코어로 구성되어 있다. 또한 아두이노는 16MHz 속도로 작동하는데, ESP32는 버전에 따라 80~240MHz까지 지원한다. 따라서 기본적인 속도와 처리 성능은 아두이노와 비교가 불가할 정도로 뛰어난 편이다. 그러나 이러한 처리 속도의 단순 비교만으로는 ESP32가 확실히 우위에 있다고 말하기는 어렵다. 조금 복잡한 작업이 아니고서야 일반적인 사용자 입장에선 속도 차이가 문제가 되지 않기 때문이다. 즉, 아두이노 우노를 사용해서 메이커를 해도 충분하기 때문이다.

ESP32를 굳이 사용해야 할 이유라면 따로 있다. 그것은 사물인터넷(IoT)을 구현하기에 적당한 도구라는 점이다. ESP32는 별도의 모듈을 추가하지 않아도 기본적으로 블루투스와 와이파이를 내장하고 있다. 따라서 비용적인 면에서 아두이노에 비해 저렴하고 작은 크기의 사물인터넷(IoT) 장치를 고안하고 만들어내기에는 최적의 도구라고 판단된다.

아두이노의 다양한 모델 중에서도 사물인터넷을 위한 모델들이 있다. 그러나 가격을 비교하면 수긍이 될 것이다. 이제는 사물인터넷을 구현하는 것만을 장점으로 내세우기는 어렵다. 앞으로는 이러한 작은 MCU보드들도 인공지능 기술이 많이 요구될 것이다. 따라서 더 빠른 처리 속도와 더 많은 메모리로 사물인터넷을 구현할 수 있어야 하며 가격까지 저렴하다는 점이 ESP32 사용자가 늘어나는 이유가 아닐까 한다.

위에서 살펴 본 제품 중 ESP8266은 ESP32가 나오기 전에 먼저 출시된 제품으로 와이파이가 내장되었다는 점에서 주목을 받기는 했지만 Analog Input 핀이 1개 밖에 없다는 치명적인 단점으로 인하여 그다지 인기를 끌지는 못했다.

# 03 ESP32 사용을 위한 드라이버 설치

## ESP32 사용을 위한 드라이버 설치 방법을 알아보자.

ESP32는 명령들을 처리하는 MCU의 이름이다. 이러한 MCU를 이용하여 다양한 회사에서 저마다 조금은 다른 방식으로 NodeMCU, DEVKIT, LOLIN, TTGO 등의 이름으로 제품을 생산하고 있다. 따라서 각 제품마다 사용법은 조금씩 다를 수 있기 때문에 해당 제품의 사용법을 알고 있어야 한다. 프린터를 예로 들면, 흔히 사용하는 제품이라면 윈도우에 프린터의 정보가 이미 내장되어 있어 단순히 케이블을 연결하는 정도만으로 컴퓨터에서 프린터가 잘 인식이 되기 때문이 바로 출력이 가능하다. 그러나 어떤 프린터들은 프린터 제조업체에서 제공하는 CD나 USB, 제조업체 홈페이지 등을 통해서 다운로드 받는 방식으로 드라이버를 설치해 주는 작업이 필요하다.

아두이노의 경우도 마찬가지이다. 아두이노 정품은 USB케이블을 연결해 주는 작업만으로 컴퓨터가 인식을 하고 바로 프로그래밍하는 과정으로 진행할 수 있다. 그러나 간혹 아두이노 호환 제품이라고 해서 인식이 안되는 제품들이 있다. 대표적인 제품이 컴퓨터와 통신을 관리하는 칩을 CH340을 사용하는 제품들이다. 정품은 ATmega16U2 라는 칩을 사용하는데 윈도우에 이미 드라이버가 설치가 되어 있어 추가로 설치하는 작업이 필요하지 않다.(윈도우7처럼 구버전 윈도우는 설치해야 하는 경우도 있지만, 윈도우10 이후 부터는 기본적으로 설치되어 있다.)

그럼 우선 자신의 컴퓨터에서 드라이버가 설치되어 있는지 확인해 보도록 하자.

**1) 윈도우 시작 바로 위 설정버튼을 클릭해서 다음과 같이 설정화면을 띄운다.**

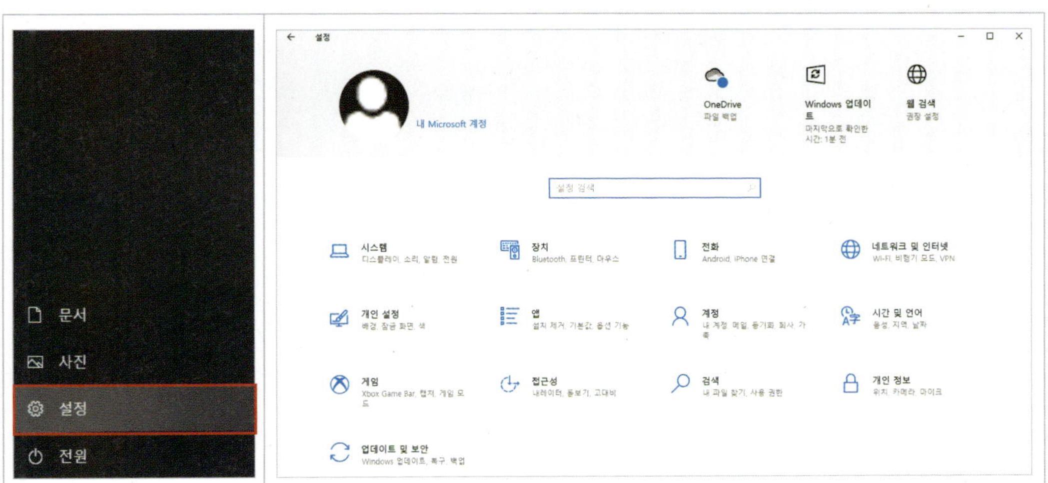

2) ESP32와 컴퓨터를 USB케이블로 연결한 후 설정화면에서 장치 관리자를 검색한 후 실행시킨다. 이때 USB케이블이 정상적으로 연결되면 장치관리자에 다음과 같은 상황이 나타난다.

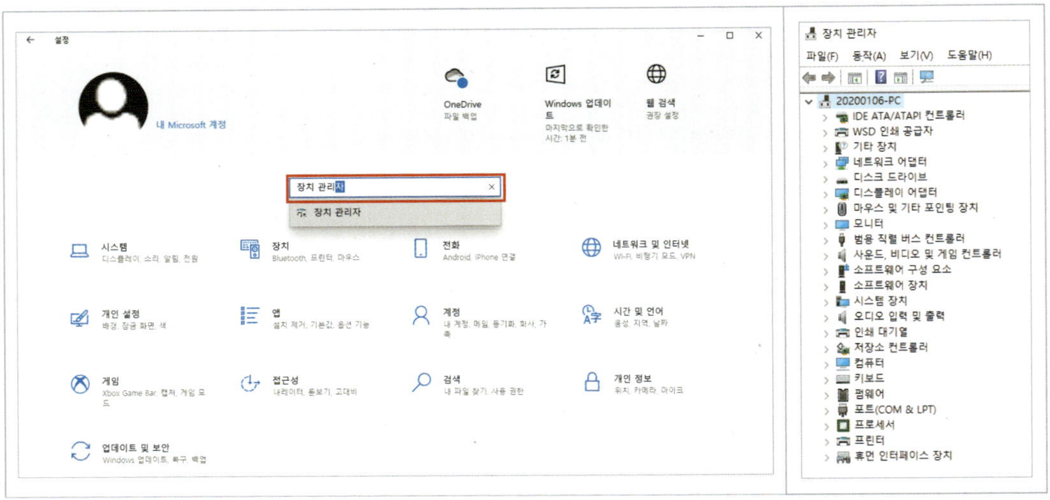

위와 같이 ? **기타 장치**와 같이 나타나면 드라이버를 설치해야 하며, 다음과 같이 포트 항목에 USB-SERIAL CH340(COM9)와 같이 나타나면 드라이버가 설치된 것이다. 참고로 COM9의 번호는 다르게 나타날 수 있다. 새로운 장치를 연결할 때 부여되는 번호라고 생각하면 된다.

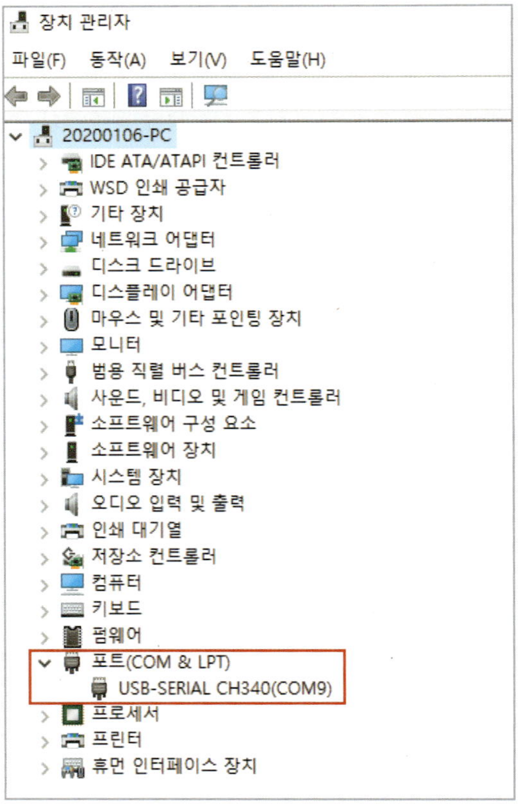

장치 관리자로 확인했을 때 설치가 되어 있다면 다음을 건너 뛰고 바로 프로그래밍 작업으로 진행해도 된다. 그러나 드라이버를 설치하는 과정을 해야 하는 경우라면 다음과 같이 드라이버를 다운로드 받도록 한다. ESP32도 제품별로 CH340, CH9102, CP2101 등등 다양한 칩을 사용한다. 따라서 자신의 제품에 사용되는 드라이버를 찾아서 설치해야 하는데 여기에서는 하쌤보드용으로 사용되는 ESP-WROOM-32버전의 USB C-type 케이블을 사용하는 제품에 대하여 설명하고자 한다. 우선 CH340 드라이버를 인터넷에서 검색하여 찾도록 한다.

이젠 제법 사용자가 많기에 CH340 드라이버를 찾는 것은 어렵지 않을 것이다.

혹시 드라이버를 찾지 못했거나 바이러스나 기타 보안 문제가 걱정될 경우에는 다음의 사이트에서 다운로드 받아도 된다.

http://www.wch.cn/download/CH341SER_ZIP.html

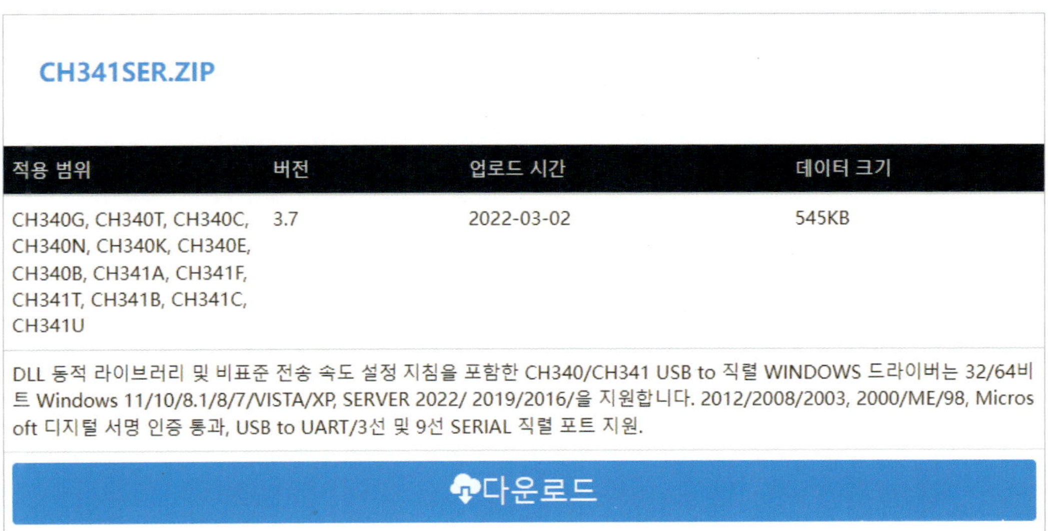

CH341SER.ZIP

| 적용 범위 | 버전 | 업로드 시간 | 데이터 크기 |
|---|---|---|---|
| CH340G, CH340T, CH340C, CH340N, CH340K, CH340E, CH340B, CH341A, CH341F, CH341T, CH341B, CH341C, CH341U | 3.7 | 2022-03-02 | 545KB |

DLL 동적 라이브러리 및 비표준 전송 속도 설정 지침을 포함한 CH340/CH341 USB to 직렬 WINDOWS 드라이버는 32/64비트 Windows 11/10/8.1/8/7/VISTA/XP, SERVER 2022/ 2019/2016/을 지원합니다. 2012/2008/2003, 2000/ME/98, Microsoft 디지털 서명 인증 통과, USB to UART/3선 및 9선 SERIAL 직렬 포트 지원.

다운로드

위에서 다운로드 받은 CH341SER.ZIP 파일은 CH340x, CH341x 관련 모든 칩들을 사용할 수 있는 드라이버 설치파일이다. 압축을 해제하고 압축을 해제한 폴더의 SETUP.EXE를 실행하여 Install 하면 된다. 설치가 완료되면 장치 관리자를 통해 인식되었는지 확인하기 바란다.

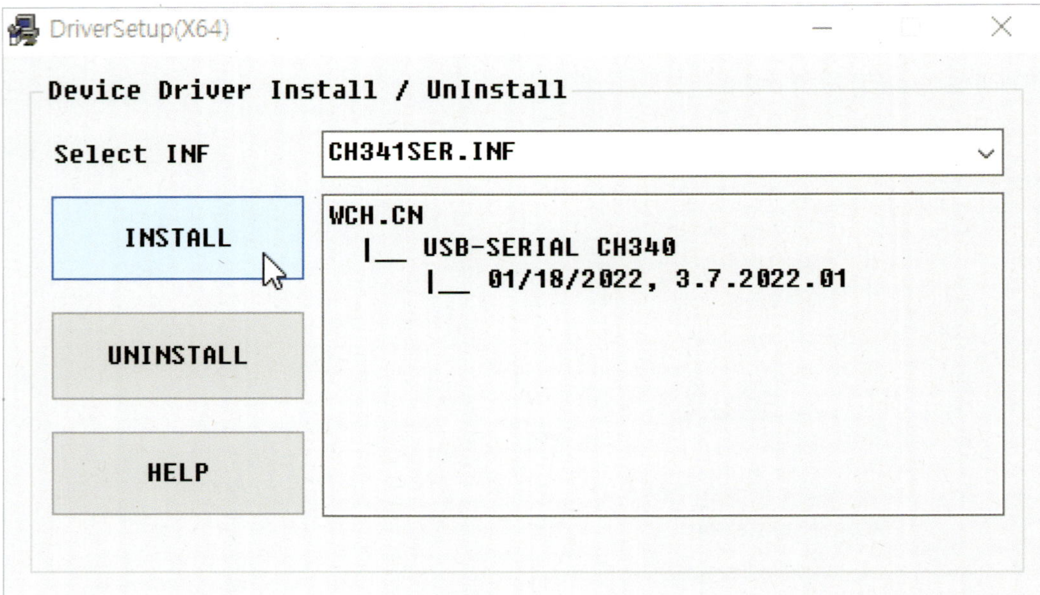


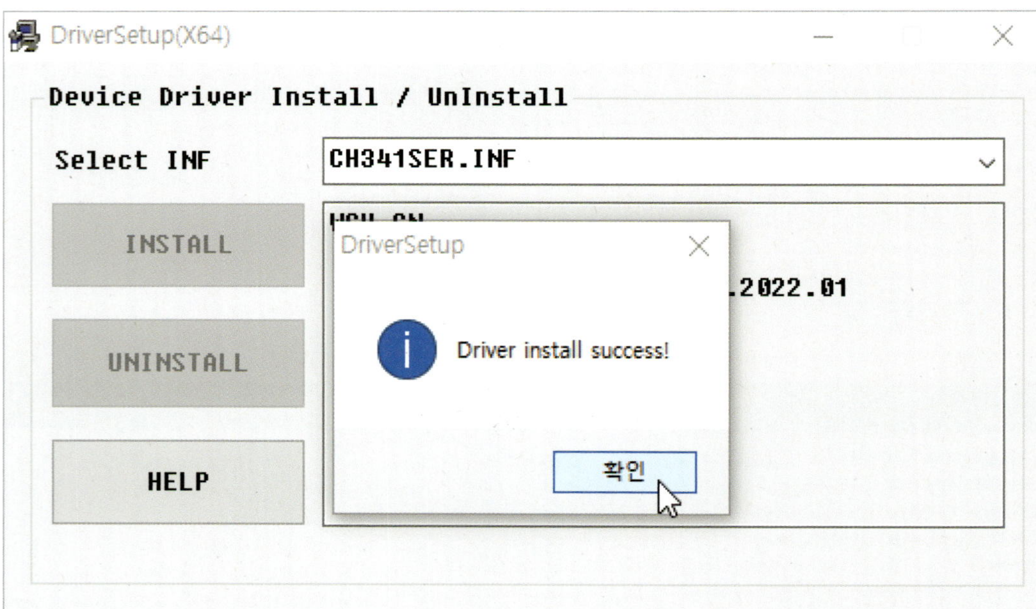

# 04 ESP32 개발툴 설치

## 아두이노 IDE 개발툴을 다운받아 설치해 보자.

다음 순서에 따라 개발툴을 설치해 보자.

1) https://arduino.cc 접속한다.
2) 상단의 SOFTWARE를 클릭한다.

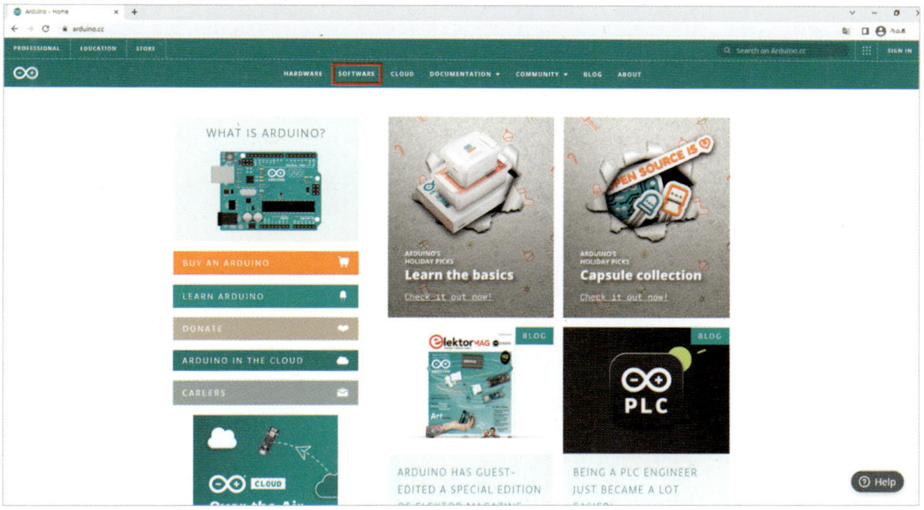


3) 스크롤을 내려서 Arduino IDE 1.8.19를 다운받는다.

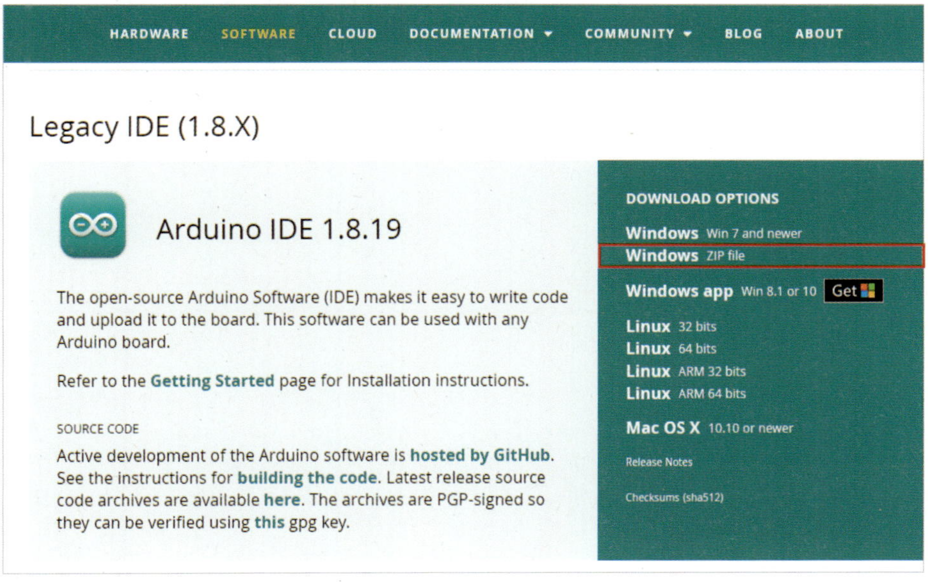

### 4) ZIP파일을 다운로드 한다.

위 화면의 상단에서는 온라인 개발툴에 접속할 수 있고, 스크롤을 내리면 위 화면처럼 개발툴 프로그램을 다운로드 받을 수 있는 곳이 있다. Win7 and newer은 일반 프로그램을 설치하는 것과 같은 Setup 형태의 설치파일이고, Windows ZIP은 압축파일 형태이다. 여기에서는 ZIP 파일을 다운로드한다. 다운로드 받은 후 압축만 풀면 바로 사용가능하다. 따라서 별도의 설치(SETUP, Install)과정이 필요 없어 간편하게 사용하기 좋다. 상황에 따라서는 USB메모리에 담은 상태에서 실행하여 사용할 수도 있기 때문이다.

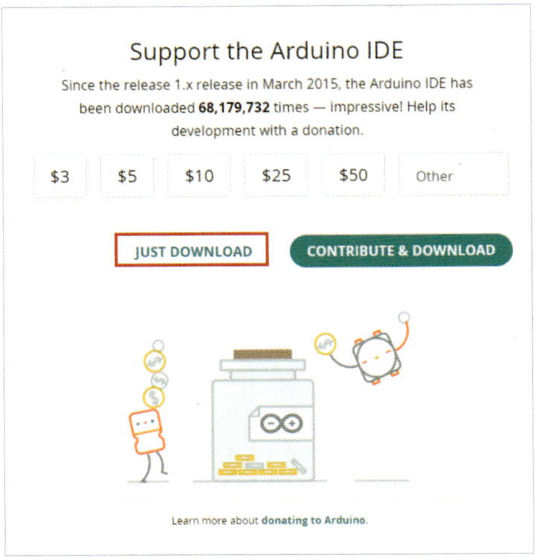


### 5) 파일 압축해제 후 arduino.exe 파일을 실행한다.

'JUST DOWNLOAD'를 클릭하면 무료로 다운로드 받을 수 있다. 파일을 다운로드 받은 후 압축해제만 하면 사용준비는 끝난다. 압축을 풀고 난 후 해당 폴더에서 arduino.exe 파일을 실행시키면 된다.

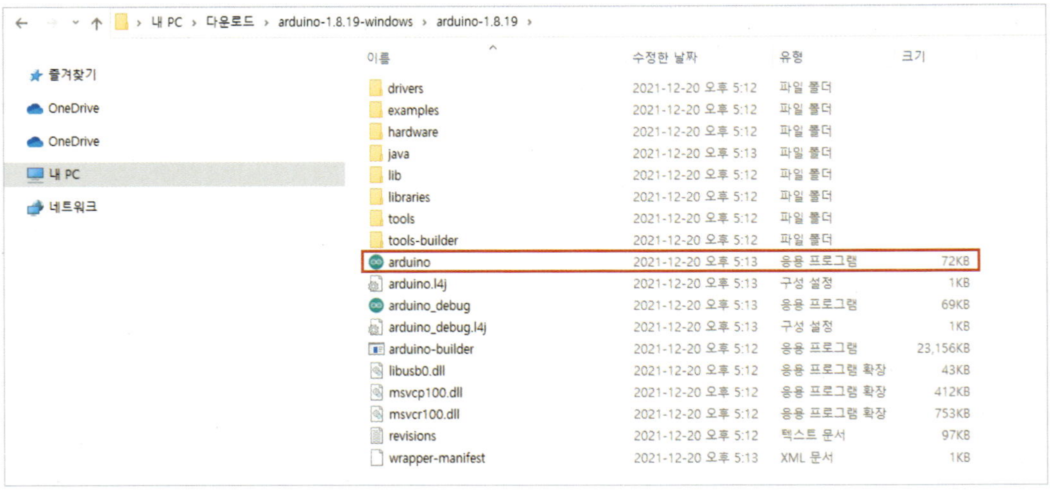

# 05 ESP32 사용을 위한 환경설정

## ESP32 사용을 위한 환경설정 방법을 알아보자.

아두이노가 아닌 ESP32를 사용하기 위한 환경으로 바꾸기 위하여 파일메뉴에서 다음과 같이 환경설정 창을 열도록 한다.

**1) 파일 〉 환경설정에서 추가적인 보드 매니저 URLs에 주소를 입력한다.**

https://dl.espressif.com/dl/package_esp32_index.json

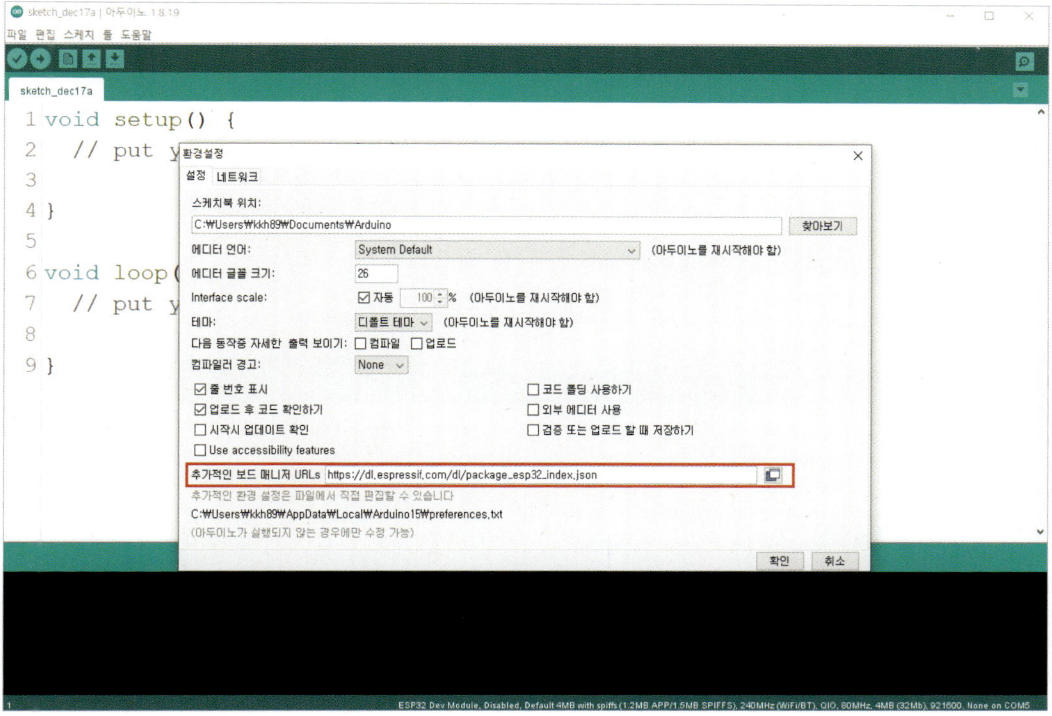

2) 툴 메뉴에서 보드 〉〉 보드매니저를 선택한다.

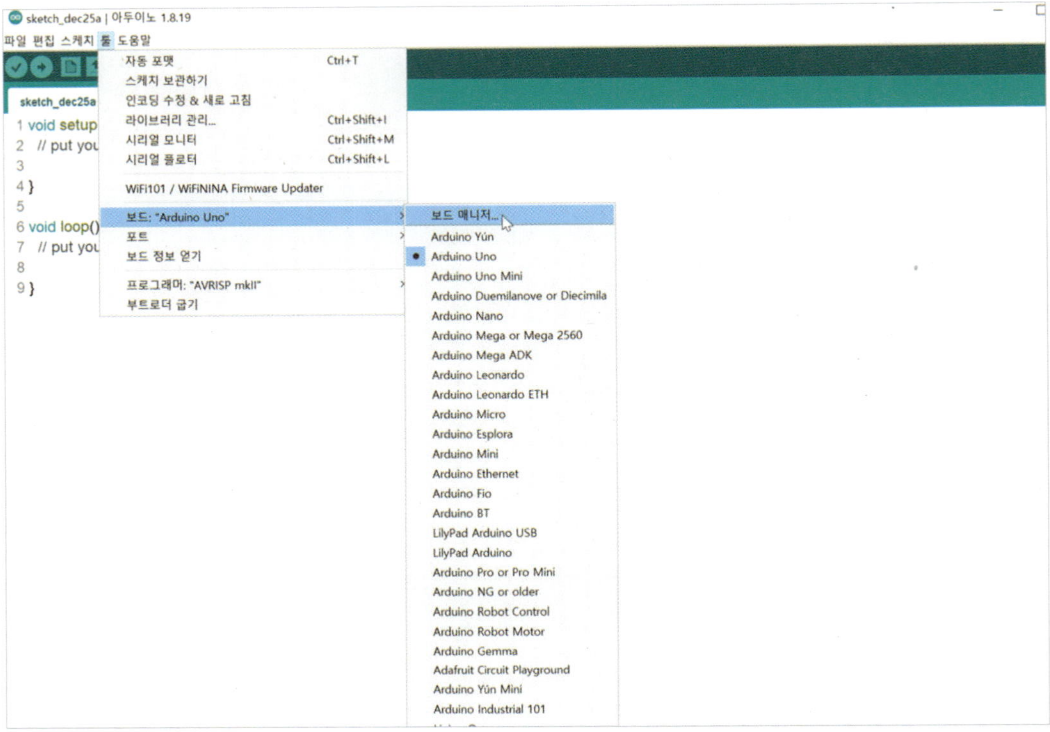

3) ESP32보드를 사용하기 위하여 esp32를 검색하여 설치한다.

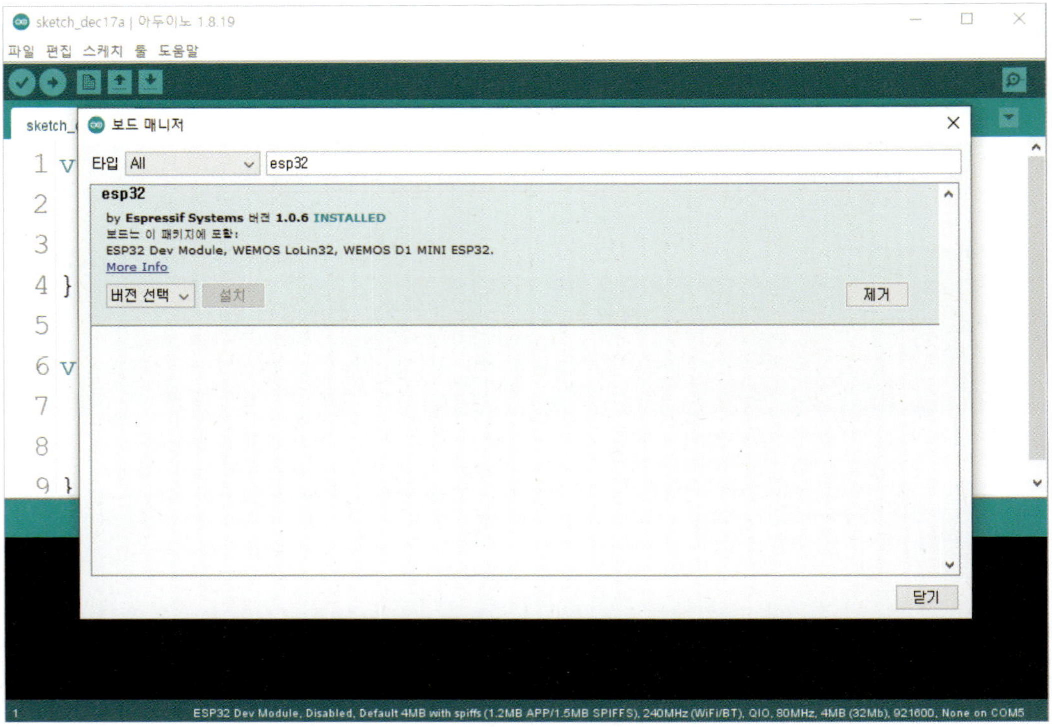

4) **설치가 완료되면 다음과 같이 작업할 보드로 ESP32를 선택한다.**

일반적으로 ESP32 Dev Module를 선택하면 된다.

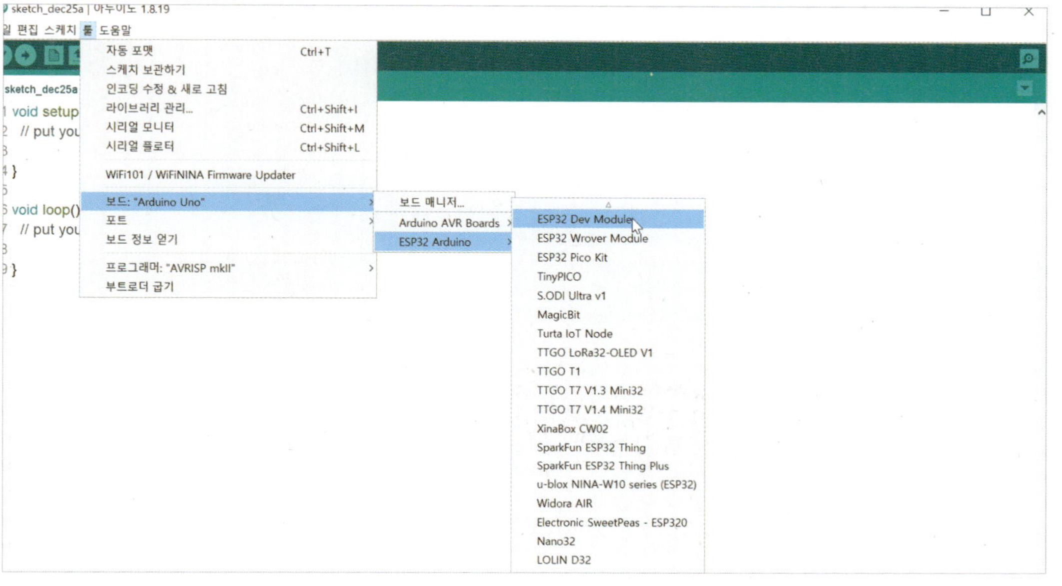

5) **USB케이블로 ESP32를 연결하고 사용할 포트를 선택한다.**

(ESP32를 USB케이블로 PC와 연결한 후 자신의 ESP32 보드 종류와 포트를 설정해 주어야 한다. 여기에서는 COM9을 선택했지만 자신의 ESP32 포트로 지정해준다.)

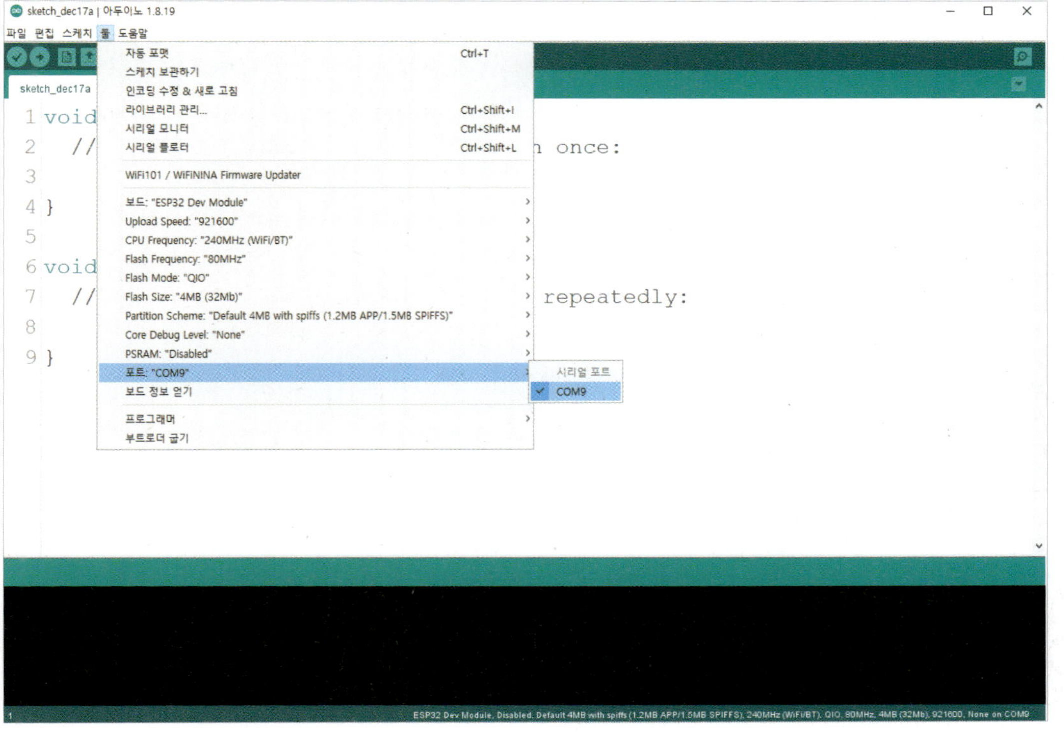

# 06 ESP32 테스트

## ESP32 연결 상태를 테스트 해보자.

void setup()은 ESP32가 동작하면 1회만 실행되는 함수이다. 1회만 실행되어도 충분한 코드들을 입력하는 부분이라고 여기면 된다. void loop()은 ESP32의 전원이 꺼질 때 까지 무한정 반복되는 함수이다. 결과적으로 0.3초 간격으로 LED가 ON/OFF를 반복하게 된다.

테스트가 정상적으로 끝났으면 본격적인 프로젝트를 만들기 위해 ESP32용 쉴드를 사용하는 것도 추천한다.

아래와 같은 코드를 작성하고 메뉴의 스케치>>업로드를 하자.

**ESP32 작동 테스트 예제**

```
void setup() {
  pinMode(2, OUTPUT);        //2핀을 출력모드로 사용함
}

void loop() {
  digitalWrite(2, HIGH);     //2핀에 3.3V 출력(LED ON)
  delay(300);                //0.3초 대기
  digitalWrite(2, LOW);      //2핀에 0V 출력(LED OFF)
  delay(300);                //0.3초 대기
}
```

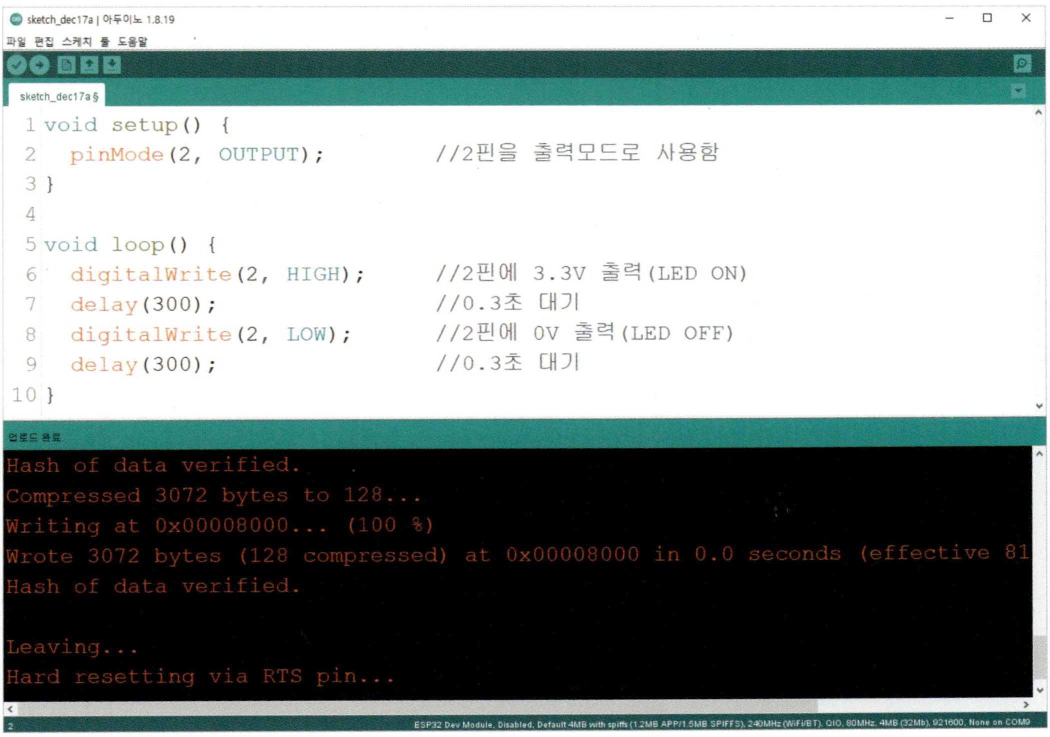


위의 코드가 컴파일(C언어를 컴퓨터가 이해하는 기계어로 변환함) 작업을 거친 후 연결되어 있는 ESP32보드에 프로그램이 업로드 완료된 모습이다. ESP32보드에 장착된 LED가 0.3초 간격으로 깜박이면 성공이다.

# 07 ESP32 핀맵

## ESP32 핀맵을 알아보자.

ESP32보드는 각 회사들마다 핀의 배열이 다소 다르기 때문에 해당 보드의 핀맵을 살펴보아야 한다. 교재에서 사용한 보드는 하쌤보드 ESP32 모델이다.

하쌤보드 ESP32 핀맵 다이어그램

# 08 Digital Output

## ESP32 디지털 출력에 관해 알아보자.

ESP32에서 다루는 출력장치와 센서들은 크게 디지털 출력과 입력, 아날로그 출력과 입력으로 구분할 수 있다. 앞서 다룬 테스트 예제는 디지털 출력의 대표적인 코드이다. 디지털 출력은 1과 0으로 구분되는데 이를 ESP32에서는 전기신호로 이해하면 된다. 즉, 1은 3.3V 전압, 0은 0V의 전압을 의미한다.

디지털 신호로 전기를 흘려보내기에 3.3V는 HIGH, 0V는 LOW라는 표기를 사용하며 이를 명령코드로 digitalWrite(2, HIGH);라는 형태를 사용한다.(2는 전기를 흘려보낼 핀번호(Port)이다. 2핀에 연결된 LED를 켜거나 끈다는 의미이다.) HIGH를 true 또는 1로 바꾸고 LOW를 false 또는 0으로 코딩해도 결과는 같다.

신호등 LED

앞의 테스트 예제처럼 digitalWrite 명령코드를 이용하여 신호등을 작동시켜보자.

ESP32에 신호등 LED를 연결해 보도록 하자. (핀배열 구조를 이해하면 어디에 연결해도 상관은 없다.)

R은 GPIO13, Y는 GPIO12, G는 GPIO14에 GND는 위와 같이 GND에 연결하도록 하겠다.

다음의 신호등 예제를 실행하면, 적색-황색-녹색 순서로 0.5초 간격으로 깜박이게 된다.

### 디지털 출력(신호등) 예제

```
int red    = 13;
int yellow = 12;
int green  = 14;

void setup() {
  pinMode(red,     OUTPUT);    //13핀 출력모드로 사용
  pinMode(yellow,  OUTPUT);    //12핀 출력모드로 사용
  pinMode(green,   OUTPUT);    //14핀 출력모드로 사용
}

void loop() {
  digitalWrite(red,     HIGH);    //red ON
  digitalWrite(yellow,  LOW);     //yellow OFF
  digitalWrite(green,   LOW);     //green OFF
  delay(500);                     //0.5초 대기
  digitalWrite(red,     LOW);     //red OFF
  digitalWrite(yellow,  HIGH);    //yellow ON
  digitalWrite(green,   LOW);     //green OFF
  delay(500);                     //0.5초 대기
  digitalWrite(red,     LOW);     //red OFF
  digitalWrite(yellow,  LOW);     //yellow OFF
  digitalWrite(green,   HIGH);    //green ON
  delay(500);                     //0.5초 대기
}
```

<table>
<tr><th colspan="3">실행결과</th></tr>
<tr><td>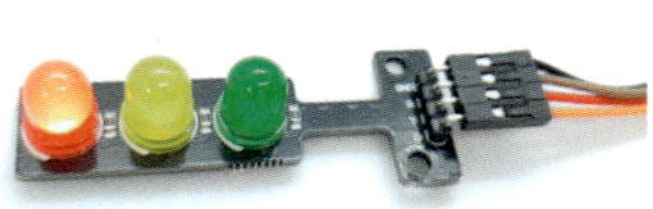</td><td></td><td>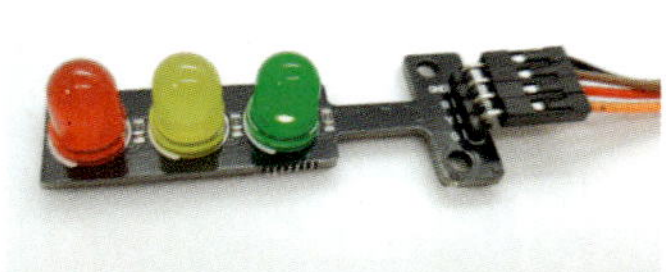</td></tr>
<tr><td>digitalWrite(red, HIGH);<br>digitalWrite(yellow, LOW);<br>digitalWrite(green, LOW);</td><td>digitalWrite(red, LOW));<br>digitalWrite(yellow, HIGH);<br>digitalWrite(green, LOW);</td><td>digitalWrite(red, LOW);<br>digitalWrite(yellow, LOW);<br>digitalWrite(green, HIGH));</td></tr>
</table>

```
int red    = 13;
int yellow = 12;
int green  = 14;

void setup() {
  pinMode(red,    OUTPUT);      //13핀 출력모드로 사용
  pinMode(yellow, OUTPUT);      //12핀 출력모드로 사용
  pinMode(green,  OUTPUT);      //14핀 출력모드로 사용
}

void loop() {
  digitalWrite(red,    HIGH);   //red ON
  digitalWrite(yellow,  LOW);   //yellow OFF
  digitalWrite(green,   LOW);   //green OFF
  delay(500);                   //0.5초 대기
  digitalWrite(red,     LOW);   //red OFF
  digitalWrite(yellow, HIGH);   //yellow ON
  digitalWrite(green,   LOW);   //green OFF
  delay(500);                   //0.5초 대기
  digitalWrite(red,     LOW);   //red OFF
  digitalWrite(yellow,  LOW);   //yellow OFF
  digitalWrite(green,  HIGH);   //green ON
  delay(500);                   //0.5초 대기
}
```

```
Leaving...
Hard resetting via RTS pin...
```

위 코드를 참고하여 다양한 방법으로 LED를 켜보자.

1) 적색-황색-녹색이 차례대로 켜지고 적색-황색-녹색이 차례대로 꺼지도록 해보자.
2) 적색-황색-녹색이 차례대로 켜지고 녹색-황색-적색이 불이 꺼지도록 코딩 해보자.
3) LED가 무작위로 불이 켜지도록 코딩 해보자.

3색 LED

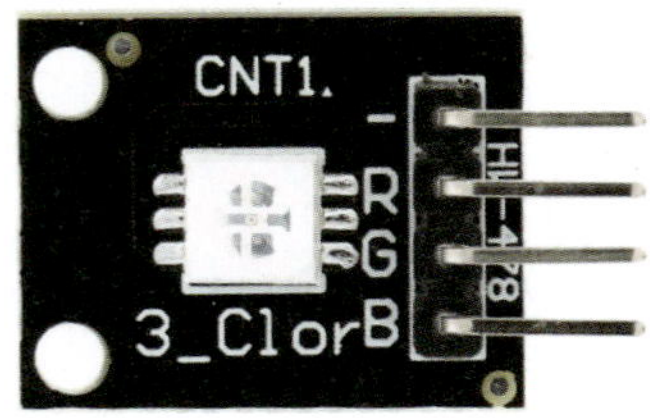


3색 LED(SMD)

이번에는 코드는 그대로인 상태에서 신호등 LED를 37종 센서 중에서 3색 LED나 SMD형태의 3색 LED로 바꾸면 하나의 LED가 적색, 녹색, 청색으로 바뀌는 모습을 볼 수 있다.

3색 LED의 경우 3가지 색 중에 선택하여 켤 수 있기 때문에 색의 조합을 볼 수 있다. 실제 코드를 입력하여 확인해 보도록 하자.

**디지털 출력(3색 LED) 예제**

```
int red     = 13;
int green   = 12;
int blue    = 14;

void setup() {
  pinMode(red,    OUTPUT);          //13핀 출력모드로 사용
  pinMode(green,  OUTPUT);          //12핀 출력모드로 사용
  pinMode(blue,   OUTPUT);          //14핀 출력모드로 사용
}

void loop() {
  digitalWrite(red,     HIGH);      //red ON
  digitalWrite(green,   LOW);       //green OFF
  digitalWrite(blue,    HIGH);      //blue ON
}
```

위의 코드를 참고하여 3색 LED(SMD) 1개의 핀만 켜보기도 하고 2가지씩 조합하여 켜보거나 3개의 핀 모두 켜 보면서 색깔 차이를 비교해 보자.

| 실행결과 | |
|---|---|
| 3색 LED | 3색 LED(SMD) |
|  | 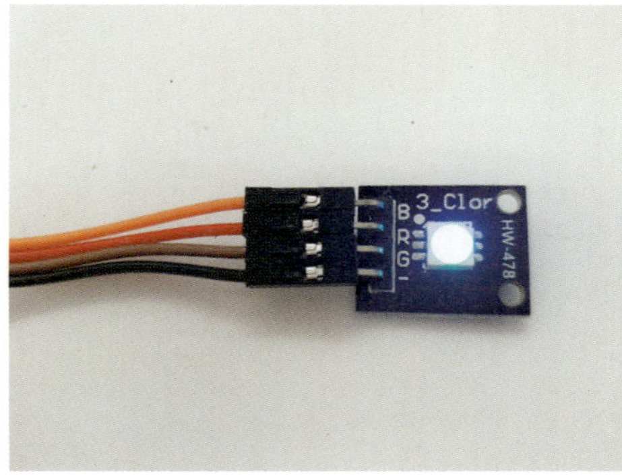 |
| digitalWrite(red, HIGH);<br>digitalWrite(yellow, LOW);<br>digitalWrite(green, HIGH); | digitalWrite(green, HIGH));<br>digitalWrite(red, LOW);<br>digitalWrite(blue, HIGH); |

```
int red   = 13;
int green = 12;
int blue  = 14;

void setup() {
  pinMode(red,   OUTPUT);     //13핀을 출력모드로 사용함
  pinMode(green, OUTPUT);     //12핀을 출력모드로 사용함
  pinMode(blue,  OUTPUT);     //14핀을 출력모드로 사용함
}

void loop() {
  digitalWrite(red,   HIGH);  //red ON
  digitalWrite(green, LOW);   //green OFF
  digitalWrite(blue,  HIGH);  //blue ON
}
```

```
Leaving...
Hard resetting via RTS pin...
```

다음 예제는 ESP32에서 아날로그 출력을 이용하고 싶을 때 사용하는 예제이다.

아날로그 출력이란 LED의 빛의 강도를 변하게 하거나 모터에서 모터의 속도를 조절하는 것을 의미한다. 다만 정확한 표현은 아날로그 출력이 아닌 PWM출력이라고 하는 것이 더 맞는 표현이다.

3W LED

사진처럼 ESP32의 13핀에 3W LED를 연결하도록 한다.

검정선은 GND선으로 전자회로에서는 GND를 음극(-)이라고 여기면 된다. 가운데 +는 VIN(5V) 또는 3.3V에 연결한다. S는 Signal로 전원을 켜거나, 끄는 등의 신호가 연결되는 것으로 13핀에 연결하자.

**PWM 출력(3W LED) 예제**

```
void setup() {
  ledcSetup(0, 5000, 8);      //0번 채널 5000Hz 8비트로 세팅
  ledcAttachPin(13, 0);       //13핀 0채널로 지정
}

void loop() {
  ledcWrite(0, 255);          //0번 채널에 255(최대값) 밝기로 PWM 출력
  delay(500);                 //255밝기가 0.5초 유지
  ledcWrite(0, 30);           //0번 채널에 30 밝기로 PWM 출력
  delay(500);                 //밝기가 0.5초 유지
}
```

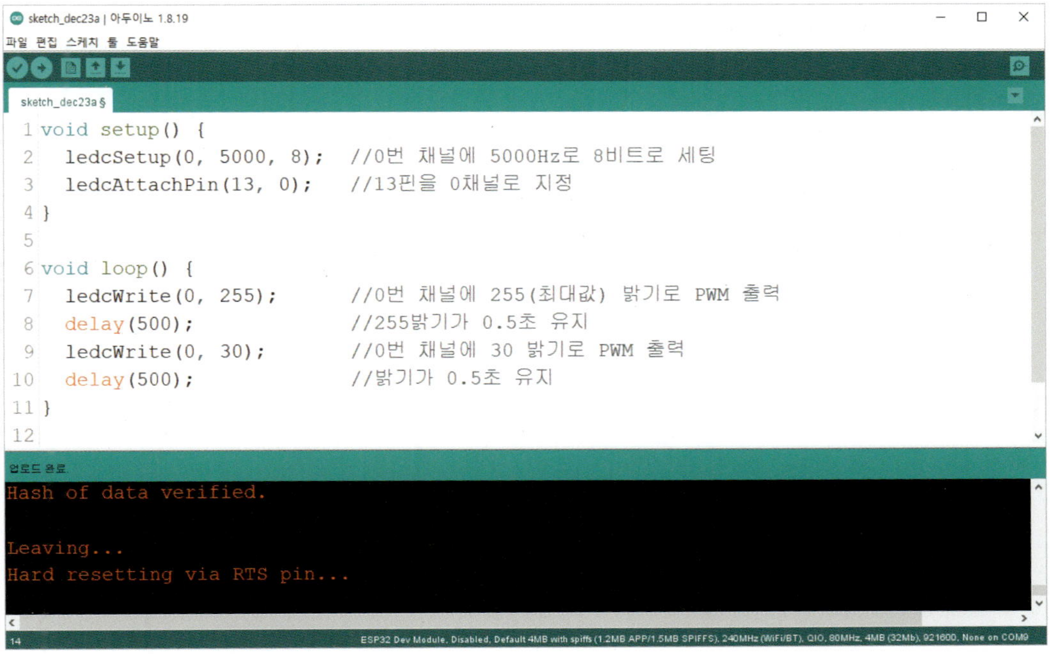


ESP32에는 핀맵을 기준으로 INPUT만 가능한 GPIO34, GPIO35, GIPO36(VP), GPIO39(VN)핀들을 제외한 나머지 핀들에는 PWM이라는 기능이 추가되어 있다. PWM은 다른 책에서 아날로그 출력이라는 표현을 많이 사용하지만 정확하게는 아날로그 출력이 아니다. 디지털 출력이 0V와 3.3V만을 출력한다면 아날로그 출력은 0V~3.3V 사이의 다양한 출력이 가능하다는 뜻이다. ESP32의 PWM은 0V와 3.3V의 디지털 출력 밖에 하지 못한다. 그러므로 아날로그 출력이 아닌 것이다.

LED를 예로 든다면 가장 밝은 상태(HIGH, 3.3V)와 꺼진 상태(LOW, 0V)의 두 가지의 상태만을 갖는 것이다. PWM은 이러한 디지털 출력을 가지고 아날로그 출력을 흉내 낸 것으로, LED를 기준으로 1과 0을 빠르게 또는 천천히 반복하게 하면 LED 빛의 강도가 아날로그와 같은 느낌이 들도록 눈속임을 한 것이다.

ESP32는 이러한 효과를 ledcWrite(0, 100); 코드를 사용하여 표현한다.(아두이노에서 analogWrite (13, 100);와 같은 의미이다.) 이 명령함수 때문에 아날로그 출력으로 오해하기 쉽지만(아날로그 출력으로 이해해도 큰 문제는 없다.) 정확하게는 디지털 PWM 출력이라고 하는 것이 바른 이해이다.

다음 그림을 보면 좀 더 이해가 빠를 것이다. 주기는 일정하고 ON/OFF 시간비를 변동시켜 LED 밝기를 조절할 수도 있고, 모터의 세기를 조절할 수도 있다. 출력할 수 있는 전압값을 기준으로 일정한 비율(duty)동안에는 HIGH로 유지하고 나머지는 LOW 값으로 출력하여 아래와 같은 사각파 출력을 만들어 낼 수 있다.

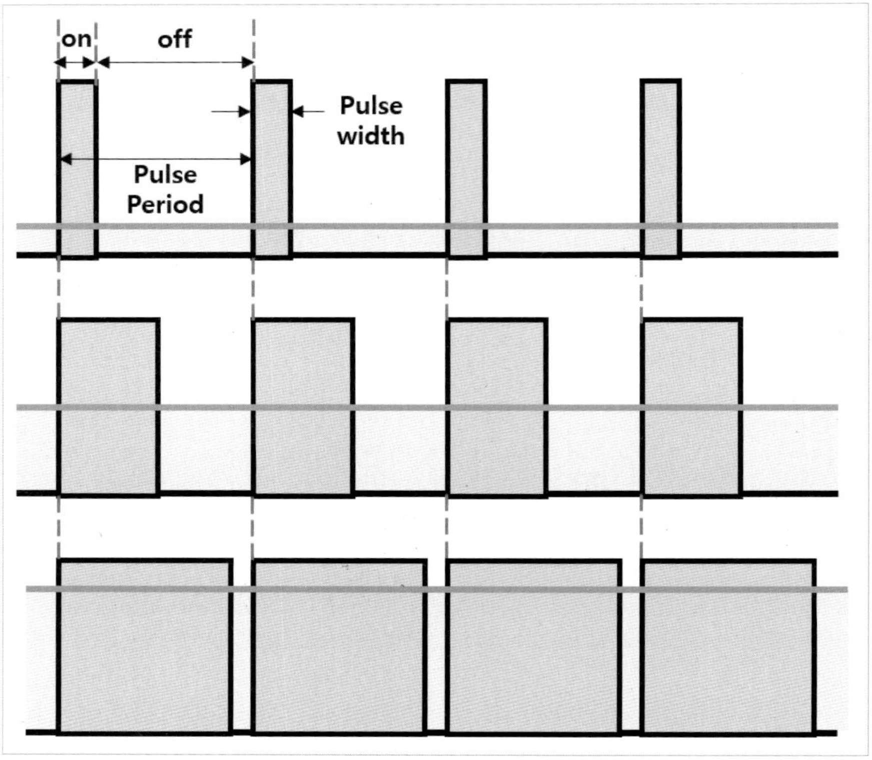


PWM은 HIGH를 유지한 시간이 짧을수록 우리 눈은 어둡게 느끼고, HIGH를 유지한 시간이 길수록 밝게 보이는 착시현상을 이용한 것이다.

PWM 출력(for문 활용) 예제

```
void setup() {
  ledcSetup(0, 5000, 8);
  ledcAttachPin(13, 0);
}


void loop() {
  for(int w=0 ; w<256 ; w++) {    //for()는 주어진 횟수만큼 반복
    ledcWrite(0, w);              //13핀에 밝기가 증가하며 PWM출력
    delay(5);
  }
  for(int w=0 ; w<256 ; w++) {    //for()는 주어진 횟수만큼 반복
    ledcWrite(0, 255-w);          //13핀에 밝기가 감소하며 PWM 출력
    delay(5);
  }
}
```

위의 예제 코드도 실행해 보기 바란다. ESP32에서 반복문을 사용할 때에는 for문을 자주 사용한다. 0~255 값을 0.005초마다 변하게 하여 점점 값이 증가하면 LED의 밝기가 밝아지며, 두 번째 반복문(for문)에서는 점점 어두워지게 하였다.

sketch_dec17a | 아두이노 1.8.19

파일 편집 스케치 툴 도움말

sketch_dec17a §

```
void setup() {
  ledcSetup(0, 5000, 8);
  ledcAttachPin(13, 0);
}

void loop() {
  for(int w=0 ; w<256 ; w++) {    //for()는 주어진 횟수만큼 반복
    ledcWrite(0, w);              //13핀에 밝기가 증가하며 PWM출력
    delay(5);
  }
  for(int w=0 ; w<256 ; w++) {    //for()는 주어진 횟수만큼 반복
    ledcWrite(0, 255-w);          //13핀에 밝기가 감소하며 PWM 출력
    delay(5);
  }
}
```

업로드 완료.

```
Leaving...
Hard resetting via RTS pin...
```

ESP32 Dev Module, Disabled, Default 4MB with spiffs (1.2MB APP/1.5MB SPIFFS), 240MHz (WiFi/BT), QIO, 80MHz, 4MB (32Mb), 921600, None on COM9

이번에는 코드는 동일한 상태에서 3W LED를 레이저 송신 또는 능동 버저로 바꿔보자.

|  |  |
| --- | --- |
| **레이저 송신** | **능동 버저** |

레이저는 밝기가 밝아졌다 다시 어두워지는 것을 반복하고, 능동 버저 소리도 커졌다 작아졌다를 반복한다. 능동 버저 소리가 작다면 스티커를 떼고 귀를 가까이 대어 보길 바란다.

# 09 Digital Input

## ESP32의 디지털 입력에 관해 알아보자.

ESP32에서 다루는 디지털 입력은 1과 0의 값을 의미한다. 예를 들어 우리는 평소 버튼(스위치)을 자주 사용한다. 버튼은 1, 0의 두 가지 상태를 가질 수 있다. 버튼을 누름에 따라 ESP32에서는 이를 전기가 흐르거나 흐르지 않음으로 표현할 수 있다.

37종 센서 중 버튼을 연결하여 보자.

버튼(스위치)

아두이노를 비롯한 라즈베리파이, 컴퓨터뿐만 아니라 전자회로가 들어있는 밥솥이나 냉장고도 기본적으로 서로 신호를 주고받을 수 있다. 이러한 신호는 여러 가지 방식으로 연결되는데 가장 기본적이고 거의 모든 기기가 공통적으로 사용하는 표준 통신방식이 Serial(직렬연결)이다. 따라서 위 예제에서의 Serial 연결은 당연히 ESP32와 PC간의 연결을 의미한다.(블루투스나 라디오송수신과 같은 부품을 사용하면 Serial은 블루투스나 라디오 송수신 모듈과 연결을 의미할 수도 있다.) 이러한 신호는 PC와 연결된 USB 케이블로 주고 받는다. 따라서 USB 케이블로 서로 연결되어 있어야만 한다.

Serial.begin(9600);은 시리얼 통신을 시작함을 의미하며, 9600은 통신속도이다. baud라는 단위를 사용하며 더 빠른 속도나 더 느린 속도로 변경하여 사용가능하다.

GPIO13핀에 버튼을 연결하였으므로 GPIO13핀을 입력모드로 지정해야 한다. 앞의 예제에서 LED에서는 OUTPUT를 사용했지만, 여기에서는 INPUT_PULLUP이라고 지정한다. 즉, pinMode(13, INPUT_PULLUP);이다.

### 디지털 입력(버튼) 예제 1

```
void setup() {
  Serial.begin(9600);             //ESP32-PC 통신시작(9600 baud)
  pinMode(13, INPUT_PULLUP);  //버튼연결 13핀을 풀업 입력모드로 사용
}

void loop() {
  int button = digitalRead(13);      //13핀의 값을 읽어서 변수에 넣음
  Serial.println(button);            //센서의 값(변수)을 PC로 보냄
  delay(100);                        //0.1초 대기(0.1초에 1회 센서 읽음)
}
```

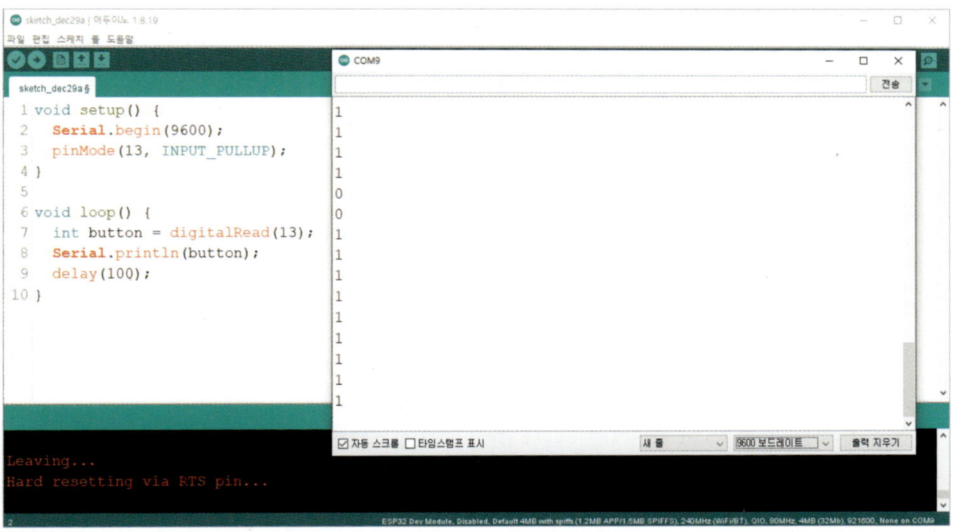


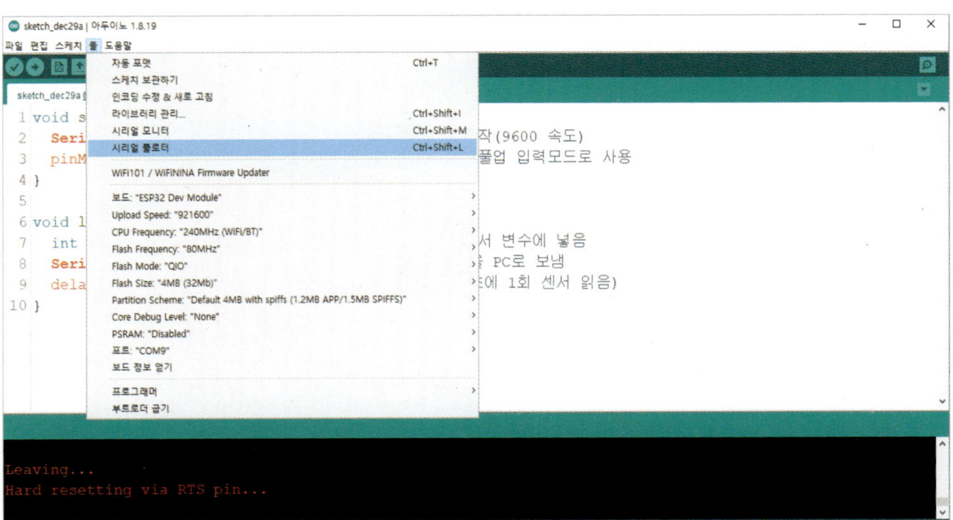

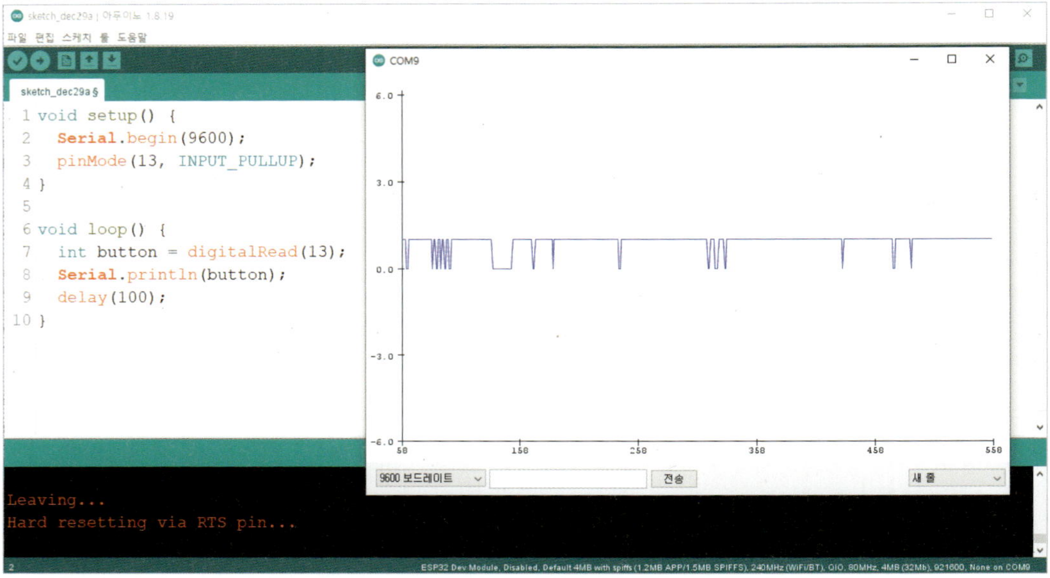


실제 센서의 값을 읽는 부분은 digitalRead(13);에 의해 이뤄진다. 읽은 센서 값을 담을 변수를 하나 만들어 준다. int button이란 정수만 입력 가능한 button이라는 변수를 만든다는 뜻이다. 변수에 입력된 센서의 값을 Serial.println(button);을 통해 PC로 센서의 값을 전송한다. 전송된 센서의 값을 PC에서 확인하기 위해 아두이노 개발툴의 메뉴에서 툴>>시리얼 모니터 또는 시리얼 플로터를 선택하면 센서의 값을 눈으로 확인할 수 있다.

시리얼 모니터는 문자형태로 확인 할 수 있고 시리얼 플로터는 그래프 형태로 볼 수 있다. 위 그림에서는 센서 값이 1과 0을 나타내어 주고 있다. 이는 버튼을 클릭했음(0)과 클릭하지 않음(1)을 나타내고 있다.

앞에서 3W LED를 사용해 보았다. 이번에는 버튼과 LED를 혼합해 보자. 즉 버튼을 누를 때만 LED가 켜지도록 하는 것이다.

**디지털 입력(버튼) 예제 2**

```
void setup() {
  pinMode(13, INPUT_PULLUP);        //13핀 버튼
  pinMode(12, OUTPUT);              //12핀 3W LED
}

void loop() {
  int button = digitalRead(13);
  if(button==1){
    digitalWrite(12, 0);            // 버튼을 안 누르면 꺼진다.
  }else{
    digitalWrite(12, 1);            // 버튼을 누르면 켜진다.
  }
}
```

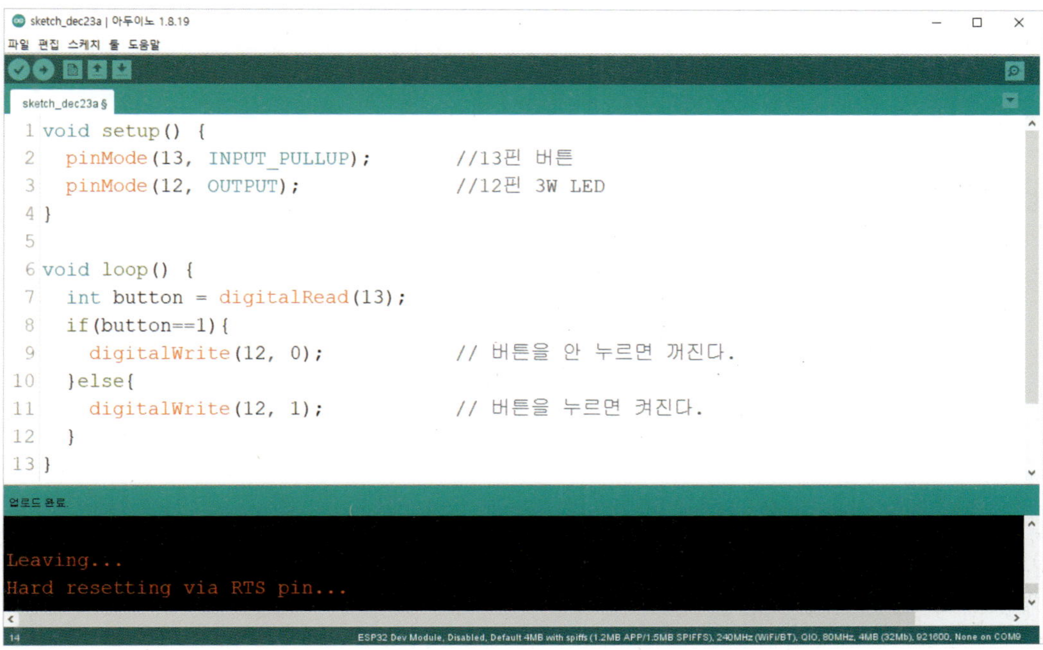


모든 프로그래밍 언어에는 비교문이 있다. 즉 값의 비교를 통하여 여러 상황에서 서로 다른 일을 하게 하는 것이 주목적이다. C/C++에서는 if문이 그렇다. if(button == 1)에서의 == 은 양변이 서로 같다는 등호의 의미로 사용된다.

코드를 실행하면서 결과를 눈으로 확인하면 쉽게 오류를 확인하고 잘못된 코드를 수정할 수 있기 때문에 Serial을 사용하는 것은 좋은 습관이다.

위 코드는 그대로 둔 상태에서 디지털 센서와 출력장치를 바꾸어 보고 그 결과를 확인해 보자. GPIO13핀에 틸트센서(수은)를 연결하고, GPIO12핀에 능동 버저를 연결한다.

**틸트센서(수은)**

**틸트센서(볼)**

틸트센서(수은) 안쪽을 들여다보면 금속의 한 쪽은 길이가 길고 다른 한 쪽은 길이가 짧다.

둘 중 한 쪽은 +극이고, 다른 한 쪽은 -극이다. 센서를 기울일 경우 수은이 리드선에서 떨어져 스위치가 열리고 센서를 똑바로 세우면 두 리드선이 연결이 되어 스위치가 닫히는 구조이다. 즉 스위치가 닫히면 전류가 흘러 출력장치인 버저에 소리가 나게 된다. 다른 두 리드선을 연결하거나 떨어뜨리기 위해서는 센서를 똑바로 세우거나 기울여야 하는데, 그래서 붙여진 명칭이 틸트센서이다. 작동되는 원리가 간단한 만큼 스위치 역할만 할 뿐, 얼마만큼 기울어졌는지 기울기까지 확인할 수는 없다.

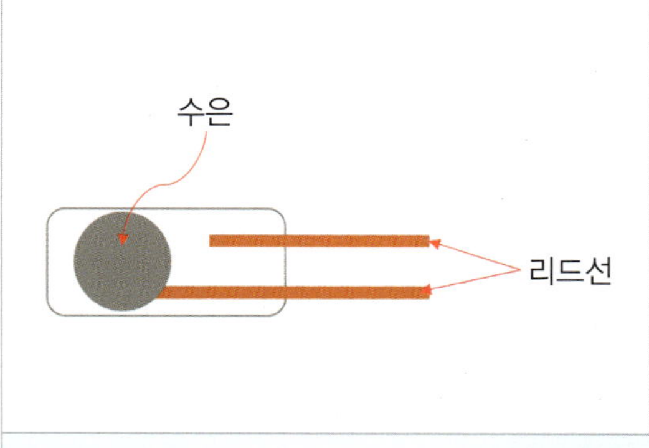


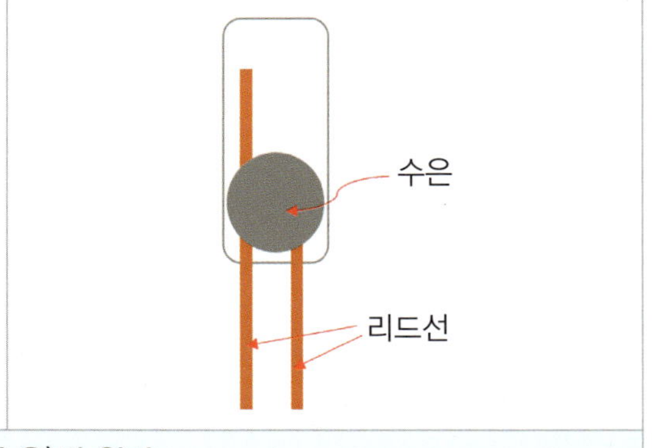


**틸트센서(수은)의 원리**

틸트센서는 기울어짐을 판단하는 용도로 사용하는 것으로 화분이 쓰러졌다거나 의자가 쓰러졌음을 판단하는 용도로 사용할 수 있다. 틸트센서 2개를 서로 다른 방향으로 연결하면 상하좌우 4방향으로 기울어졌음을 판별할 수도 있다.

이번에는 틸트센서(볼)을 이용해 보자. 틸트센서(볼)은 센서 안에 작은 금속공의 움직임에 따라 기울임에 대한 신호를 출력하는 센서이다.

이 또한 스위치와 동작원리는 동일하다. 위 코드로 확인을 했을 때 센서를 기울이면 버저에서 소리가 나고, 센서를 똑바로 세우면 버저에서 소리가 나지 않는다.

### 풀업(INPUT_PULLUP) 저항 연결

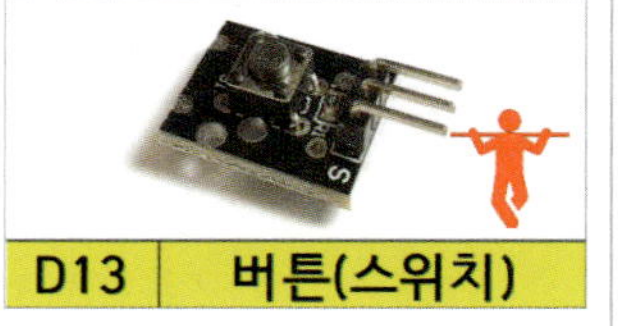


37종 센서 중 지금까지 다뤄 본 센서 중에 버튼(스위치), 틸트센서(볼)의 공통점을 찾아보자.

37종 센서 케이스 안에 구성품 안내도를 보면 오른쪽 같이 역기 든 사람이 그려진 것을 볼 수 있다. 더불어 '아두이노 내부풀업(INPUT_PULLUP)을 활성화 시켜야 사용 가능한 센서'라고 설명되어 있다. 내부풀업(INPUT_PULLUP)이란 무엇일까? 이것에 관해 좀 더 알아보자.

버튼(스위치) 센서를 연결한 후 pinMode(13, INPUT);으로 설정한 후 센서값을 시리얼 모니터를 통해 알아보자. 버튼을 누를 때는 LOW로 0이 출력되어야 하고 버튼을 누르지 않았을 때는 HIGH로 1이 출력되어야 하는데 버튼을 누르지 않은 상태에서도 0과 1 값이 왔다갔다하는 것을 확인할 수 있다. 이런 현상을 '플로팅 현상'이라 부른다.

'플로팅 현상'이란 입출력 핀의 디지털 신호가 HIGH도 아니고 LOW도 아닌 신호가 계속 번갈아 나타나는 불안정한 상태를 말한다. 이러한 현상은 버튼을 누르지 않아서 전류가 흐르지 않는 상태이어야 함에도 불구하고, 내부의 자기장이나 주변의 전자파 등으로 불안정한 전류가 발생하기 때문에 불안전한 데이터, 즉 노이즈가 발생한다. 따라서 우리가 원하는 신호를 제대로 측정하기 위해서는 플로팅 현상을 완전히 제거하기 위하여 PULL_UP이나 PULL_DOWN 상태로 만들어 사용해야 한다. 이러한 PULL_UP, PULL_DOWN은 저항을 연결하여 만들 수 있다. 다음 그림은 PULL_UP에 대한 설명이다.

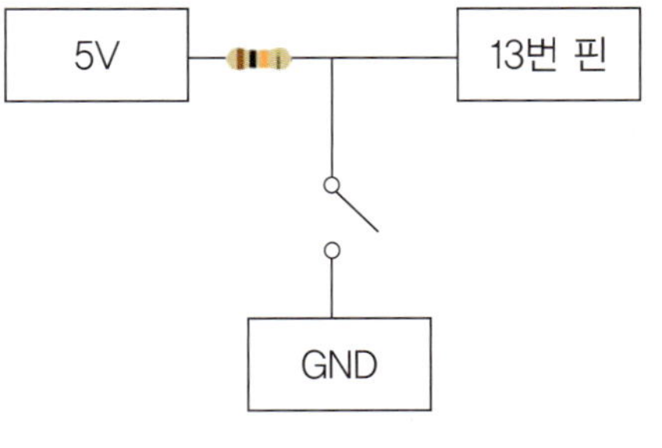


풀업(PULLUP)은 말 그대로 플로팅 상태일 때의 값을 3.3V로 끌어올린다는 의미이다. 저항이 +쪽에 연결된 것을 풀업저항 연결이라 한다. 스위치를 눌렀을 때 스위치가 연결이 되면서 GND로 전류가 흐르게 되면서 13번 핀 상태는 LOW(0)가 된다. ESP32 보드에는 풀업저항을 사용할 수 있도록 장치되어 있기 때문에 코드 작성 시 'INPUT_PULLUP'을 사용하면 따로 저항을 추가할 필요 없이 내부풀업을 사용할 수 있다.

|  |  |
| --- | --- |
| **충격센서** | **노크센서** |

이외의 디지털 입력센서로 충격센서와 노크센서 등이 있다. 충격센서는 센서에 충격을 받으면 신호가 발생한다. 손가락을 세게 튀기는 정도의 충격이다. 노크센서는 문에 노크를 하는 정도의 진동을 의미하지만 실제로는 꽤 큰 진동이 필요하다. 노크센서 내부의 용수철이 진동하는 원리를 이용한 것이다. 따라서 내부 용수철의 상태에 따라 진동과 충격의 크기에 대한 민감도가 다르다.

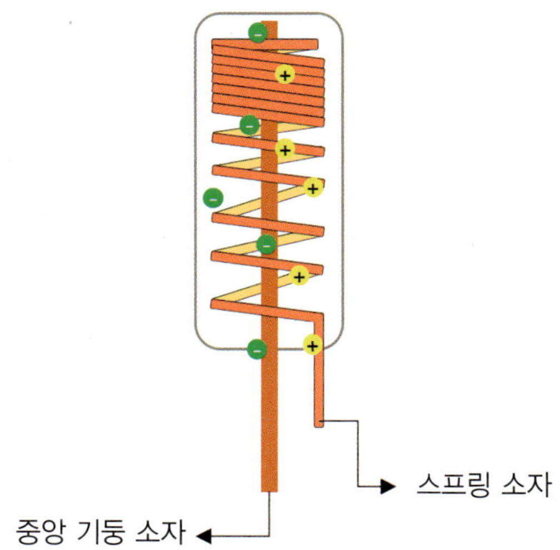


**충격센서 원리**

위 그림을 보면 센서 내부에 스프링 소자가 내장되어 있고, 중앙에는 기둥 소자가 있다. 이곳에 충격 또는 진동을 주게 되면 두 소자의 내부 충돌이 반복되는 과정에서 전기 신호가 발생하게 되고, 발생된 신호가 연결된 모듈을 통해 출력되게 된다.

|  |  |
|---|---|
| 미니 리드센서 | 마그네틱홀센서 |

37종 센서 중 미니 리드센서도 사용해 보자. 리드센서는 자석의 자기장 유무를 판단하는 센서이다. 리드센서는 자석의 움직임, 즉 자기장에 의해 유리관 내부의 엇갈려 있는 두 끝이 접촉되거나 떨어지는 원리를 이용하여 ON/OFF가 되는 것을 말한다. 외부 자석을 OFF 상태인 리드센서에 가까이 가져가게 되면 떨어져 있는 두 접점이 붙게 되어 ON상태가 된다. 이 상태에서 다시 자석을 떼어내면 접점이 떨어져 OFF 상태가 된다. 이런 원리를 이용해 문이나 창문에 리드센서와 자석을 조합하면 문의 열림 상태를 구분할 수 있게 된다.

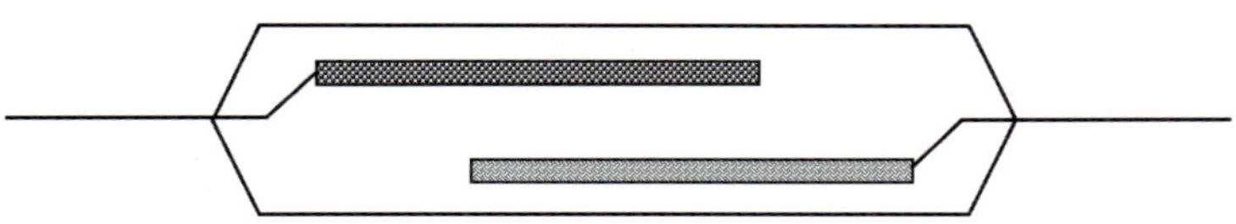

[OFF 상태의 리드센서]

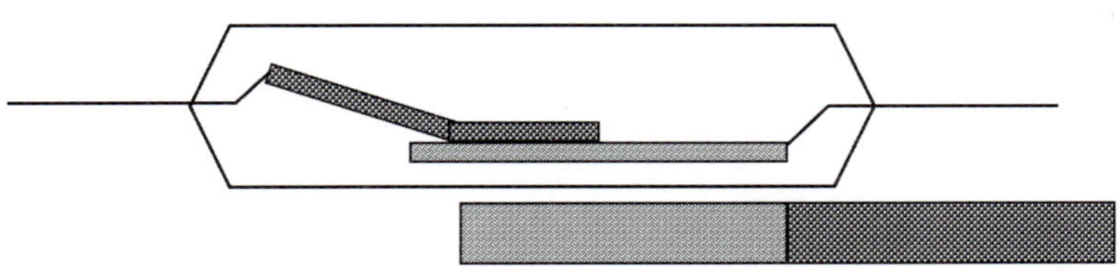


[ON 상태의 리드센서]

미니 리드센서 원리

자석의 유무를 판단하는 센서로 마그네틱홀센서도 있다.

포토인터럽트

투과형 포토 센서는 발광 소자와 수광 소자가 마주보도록 배열하고 그 사이에 물체가 통과할 때 빛이 차단되는 현상을 통해 물체의 유무를 검출하는 광 스위치이다. 이 투과형 포토 센서를 '포토인터럽트'라고 부른다. 기계식 스위치와 다르게 접점이 없는 비접촉형 스위치라고 생각하면 된다.

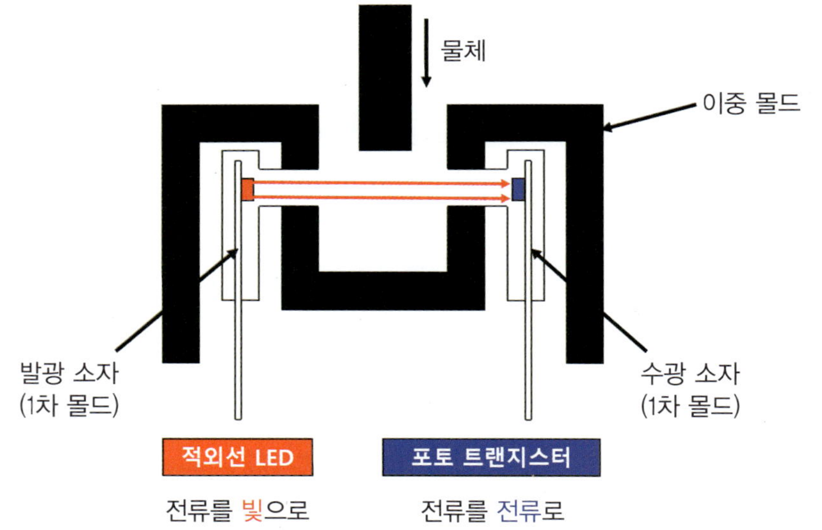


**포토인터럽트 구조**

포토인터럽트는 물체의 유무를 감지할 수 있는 소자로 송신부와 수신부 사이에 물체가 없을 경우 송신부(다이오드)에서 발사한 빛이 전달되어 포토 트랜지스터를 'ON'시키게 되고 그 결과 LOW를 출력하게 된다. 반대로 송신부와 수신부 사이에 물체가 들어오게 되면 송신부에서 발사한 빛을 차단하게 되어 포트 트랜지스터를 'OFF' 시켜 HIGH를 출력하게 된다.

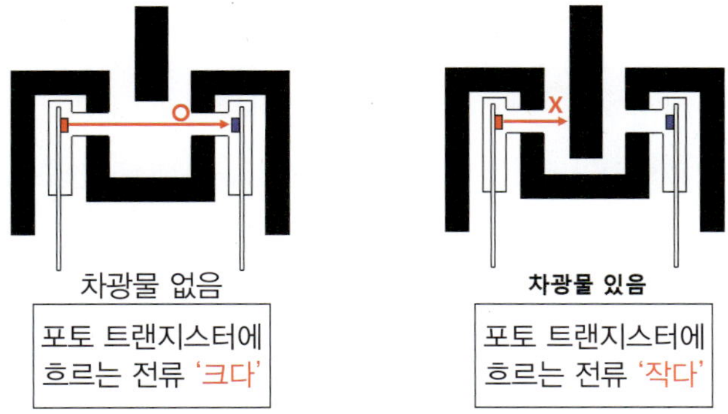


**포토인터럽트 작동 원리**

**디지털 입력(포토인터럽트) 예제**

```
int sensor=13;

void setup() {
 Serial.begin(115200);
 pinMode(13, INPUT);           //13핀 포토인터럽트 연결
}

void loop() {
 int val=digitalRead(sensor);
 Serial.println(val);
 delay(50);
}
```

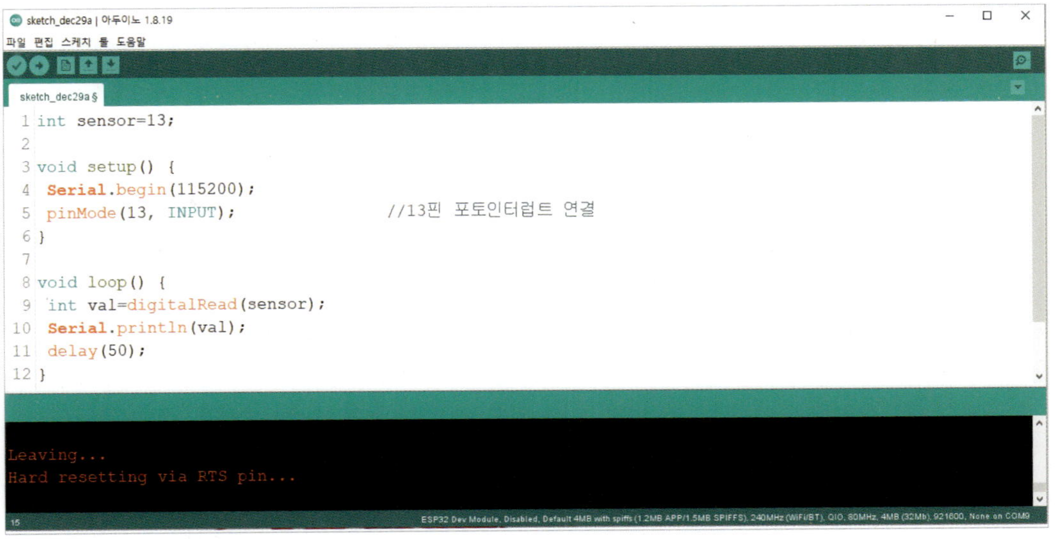

IR트래킹센서

IR트래킹센서는 적외선을 출력하는 LED와 적외선을 수신하는 센서가 세트로 구성되어 있는 센서다. 조금 밝고 투명한 LED가 적외선을 출력하는 LED(발광부)이고, 검은 LED처럼 생긴 것이 수신센서(수광부)이다. 적외선을 방출해서 반사되는 적외선이 일정 이상 강도로 검출되면 장애물이 있다고 판단하는 것이다. 이 때 빛이 반사되는 정도를 가지고 판단하는 센서이므로 장애물을 인식할 수도 있지만 흰색과 검정색을 구분하는 용도로도 사용한다.

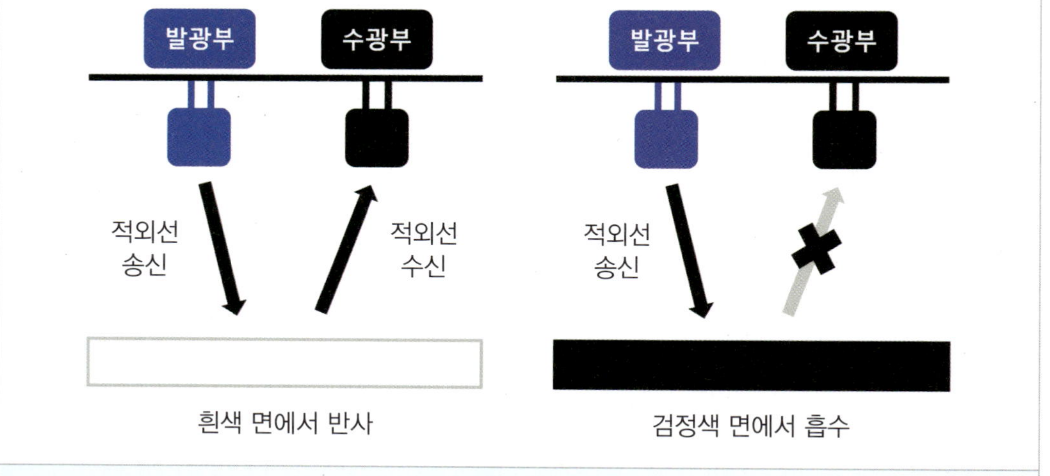


IR트래킹센서 원리

주로 라인트레이서 등에 활용하기 좋은 센서로 센서의 방향이 아래로 향하게 된다. 적외선 신호는 색이 밝을수록(흰색) 반사되는 성질이 있으며, 색이 어두울수록(검정색) 흡수되는 성질이 있다. 사람은 가시광선의 신호만 눈으로 확인 가능하기 때문에 가시광선 영역 밖인 적외선 신호 등은 사람의 눈으로 확인 불가능하다. 하지만 카메라 렌즈는 이를 식별하기 때문에 휴대폰 카메라가 동작할 때 카메라 렌즈를 통해 보면 불그스름한 빛이 나는 것을 확인할 수 있다.

이 예제에서 사용하는 것은 37종 센서에 포함된 것을 사용했다. 37종에 포함된 센서는 원래 아날로그 형태로 적외선의 반사 강도를 측정할 수 있는 센서이지만 이를 모듈로 만들면서 디지털 방식으로만 사용할 수 있도록 만들었다. 따라서 반사되는 적외선이 측정이 안되거나 약할 때는 1, 반사되는 적외선 강도가 일정 수준 이상이면 0으로 표현된다.

이러한 반사광을 수신하는 감도 정도를 모듈에 붙은 작은 가변저항을 돌려가며 민감도를 조정하여 사용할 수 있다.

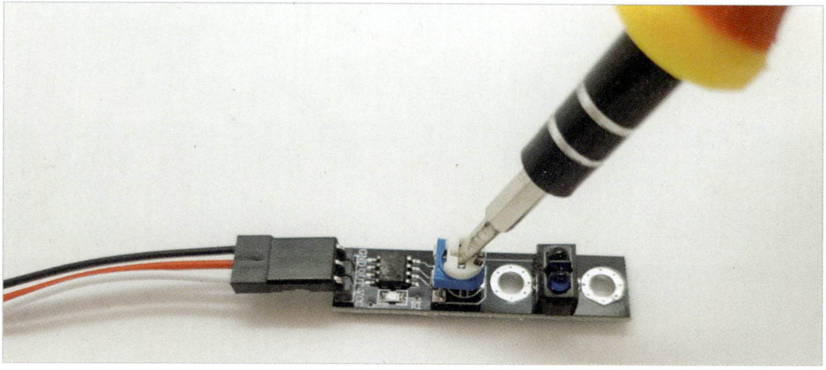

라인트레이서 용으로 사용 할 경우에는 흰색에서는 0, 검은색에서는 1로 판단한다. 다만 라인트레이서를 만들기 위해서는 보통 2개 이상을 사용하여 라인트레이싱을 하는 것이 보통이다.

**디지털 입력(IR트래킹센서) 예제**

```
int sensor=13;

void setup() {
 Serial.begin(115200);
 pinMode(13,INPUT);            //13핀 IR트래킹센서
}

void loop() {
  int val=digitalRead(sensor);
  Serial.println(val);
  delay(50);
}
```

sketch_dec23a | 아두이노 1.8.19
파일 편집 스케치 툴 도움말
sketch_dec23a §
int sensor=13;

void setup() {
Serial.begin(115200);
pinMode(13,INPUT); //13핀 IR트래킹센서
}

void loop() {
int val=digitalRead(sensor);
Serial.println(val);
delay(50);
}
업로드 완료.
Leaving...
Hard resetting via RTS pin...
14
ESP32 Dev Module, Disabled, Default 4MB with spiffs (1.2MB APP/1.5MB SPIFFS), 240MHz (WiFi/BT), QIO, 80MHz, 4MB (32Mb), 921600, None on COM9

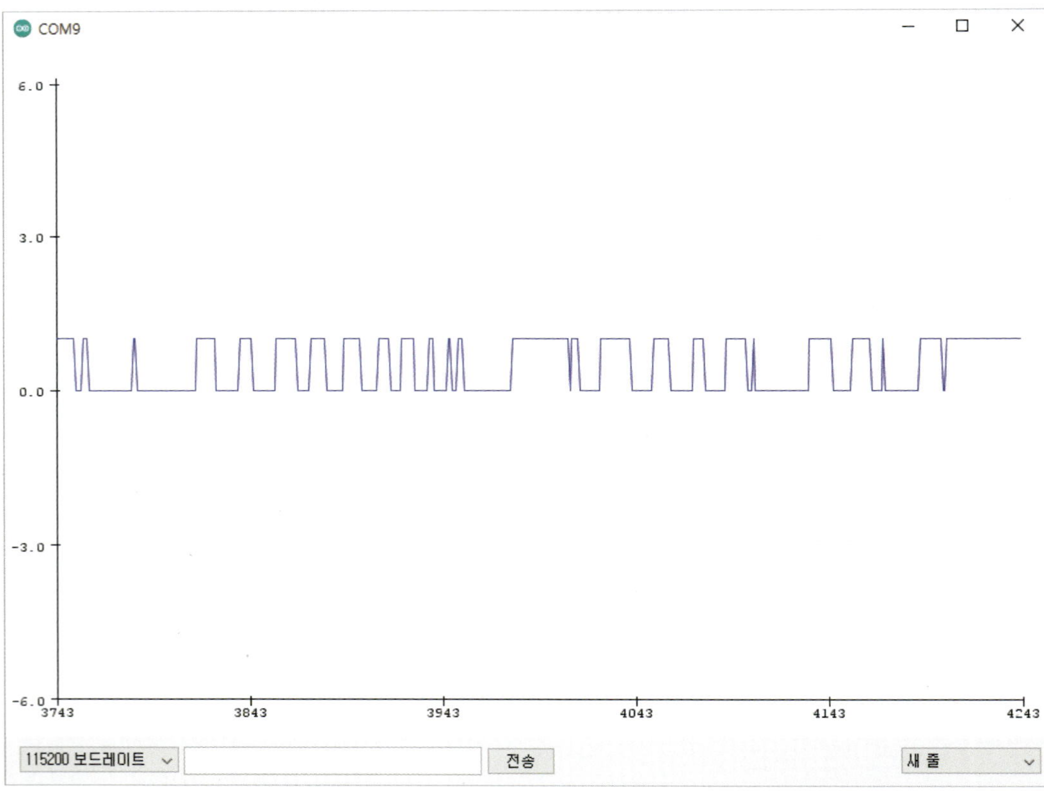
COM9
6.0
3.0
0.0
-3.0
-6.0
3743
3843
3943
4043
4143
4243
115200 보드레이트
전송
새 줄

불꽃감지센서

불꽃감지센서는 자외선 불꽃감지, 근적외선 불꽃감지, 적외선 불꽃감지, IR 불꽃감지 등 다양한 유형이 있다. 여기에서 사용된 적외선 불꽃감지센서는 760~1100nm 범위의 적외선 파장 영역의 화염이나 광원을 감지할 수 있다. 불꽃감지센서는 LED를 통해 불꽃에서 발생하는 특정 적외선 파장을 감지하는 적외선 수신센서라고 생각하면 된다. 이 센서는 4개의 핀으로 구성되어 있는데 아날로그 또는 디지털 신호로 변환해 주는 구조를 지니고 있다.

G는 GND를 의미하며, +는 VCC, DO는 Digital Out을 뜻하는 것으로 센서의 신호가 디지털로 출력되는 핀이다. AO은 Analog Out으로 아날로그센서로 사용할 때 연결하는 핀이다. 다음은 13핀에 센서의 DO를 연결하였다.

**디지털입력(불꽃감지센서) 예제**

```
int sensor=13;

void setup() {
 Serial.begin(115200);
 pinMode(13,INPUT);            //13핀 불꽃감지센서
}

void loop() {
  int val=digitalRead(sensor);
  Serial.println(val);
  delay(50);
}
```

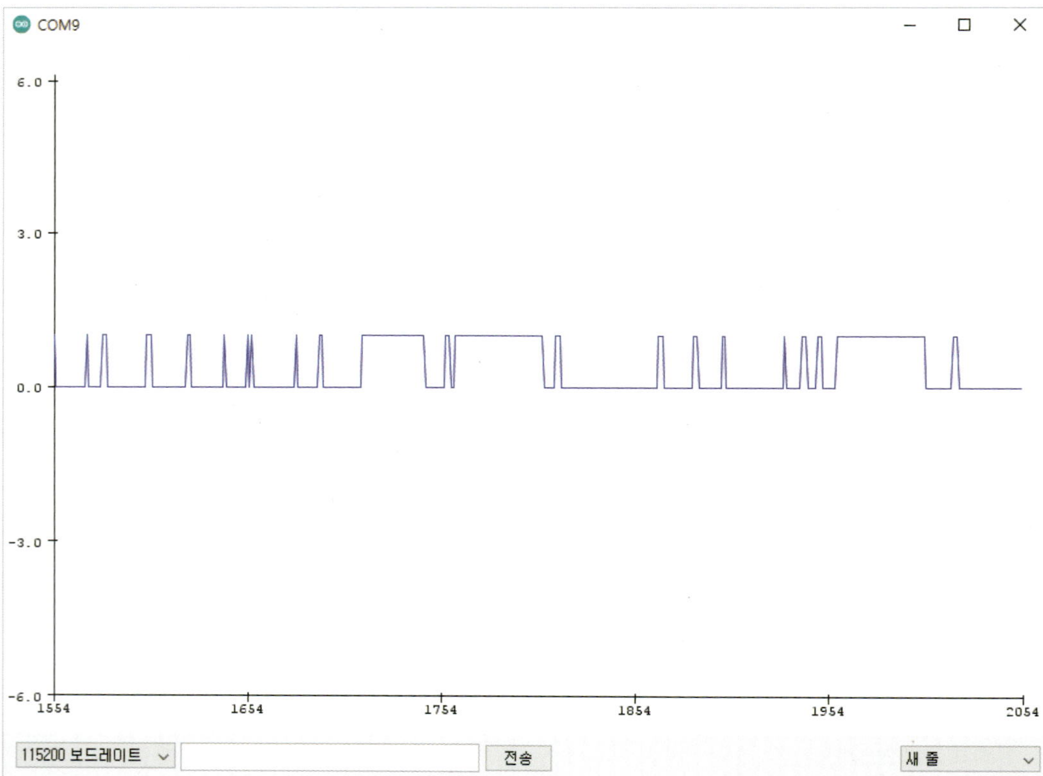


위에서 0(LOW)는 불꽃이 없을 때, 1(HIGH)은 불꽃을 감지했을 때를 나타낸다.

다음은 아날로그신호로 받아들였을 때의 코드이다.

코드 9번째 줄 int val=digitalRead(sensor);를 int val=analogRead(sensor);로만 바꾸면 된다.

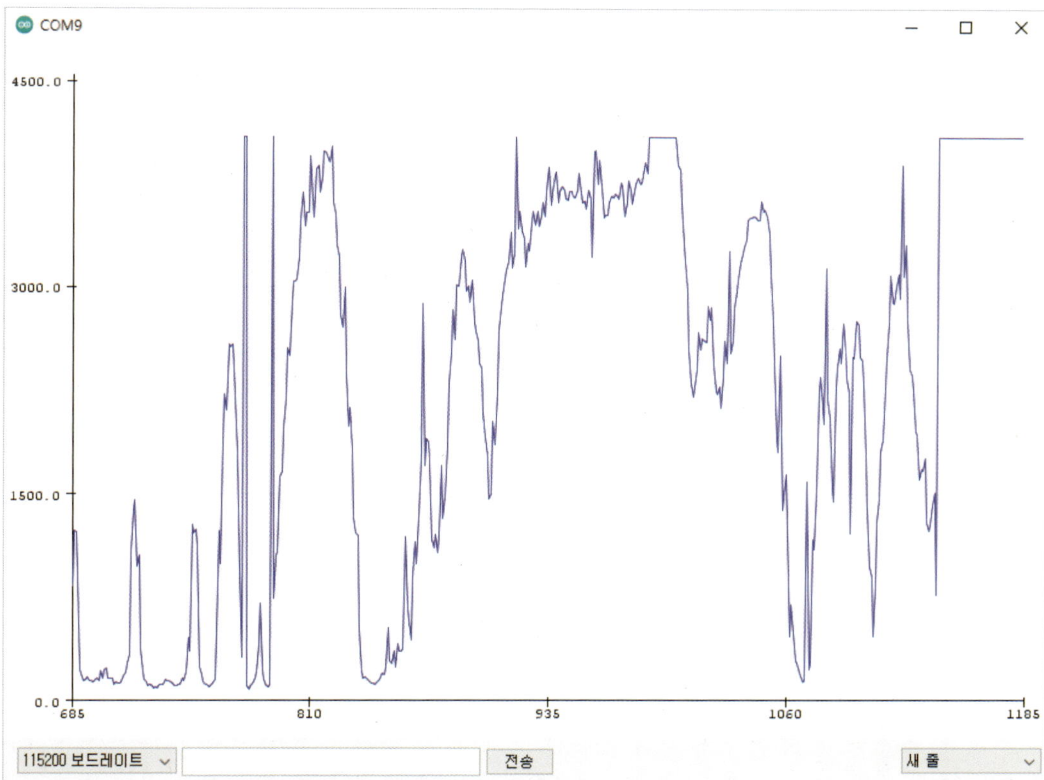


위 그래프에서 불꽃을 인식했을 때 그래프가 불꽃의 강도를 나타내고 있다. 0에 가까울수록 불꽃의 강도가 강함을 나타낸다. 불꽃을 센서 가까이에도 가져가 보고 센서에서도 멀리 떨어뜨려보면 위와 같은 그래프의 변화를 볼 수 있다. 강도라는 말은 불꽃과의 거리(불꽃감지센서가 감지하는 정도)를 말하는 것임을 확인할 수 있다.

# 10 Analog Input

## ESP32의 아날로그 입력에 관해 알아보자.

ESP32에서 아날로그 입력은 0V~3.3V의 값을 구분할 수 있는데, 3.3V를 12비트 단계로 구분하여 값을 인식한다. 센서가 측정한 값을 전압 차이로 ESP32에게 알려주는 것이다. 이러한 기능을 ADC(아날로그디지털컨버터)라고 하는데 아날로그 신호를 디지털 형태로 변환시켜 주는 기능이다. ESP32에서는 이러한 기능은 핀맵 기준으로 ADC핀들에서 가능하다. 다음 핀맵을 통해 확인 가능하듯이 거의 대부분의 핀에서 아날로그 센서들의 신호를 인식할 수 있다.

하쌤보드 ESP32 핀맵 다이어그램

가변저항

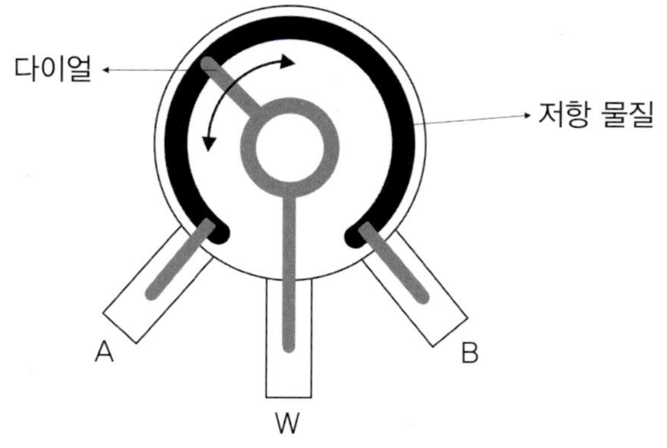


가변저항 구조

가변저항은 반고정 저항, 포텐셔미터(Potentiometer), 볼륨 등 여러 가지 명칭으로 불린다. 가변저항은 말 그대로 저항 값이 조절 가능한 저항이라는 뜻이다. 어떻게 저항 값을 조절할 수 있는지는 가변저항의 구조를 보면 쉽게 이해할 수 있다.

위의 그림은 보통 오디오의 볼륨을 조절하는 데 쓰이는 가변 저항의 내부 구조이다. 가장자리의 검게 연결된 띠는 카본(탄소)으로 이루어져 있어 전기가 흐르면서 저항의 역할을 한다. 이 카본은 양쪽 단자(A, B)와 연결되어 있다. 이 가변저항의 최댓값을 측정하기 위해서는 양쪽 단자를 측정하면 된다.

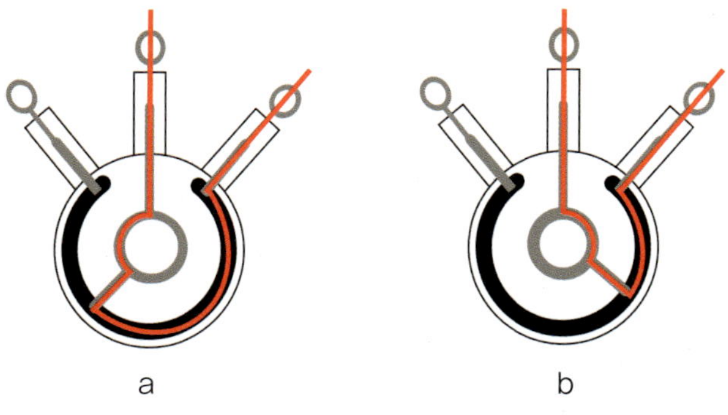


가변저항 작동 원리

전기는 카본띠를 통해 흐르다가 가변저항 다이얼과 만나면 그 길을 따라서 전기가 흐르게 된다. 다이얼을 돌리면 그림과 같이 위치가 변경되는데 저항의 길이가 길어지거나 짧아지면서 저항값이 변경된다. a와 같이 저항의 길이가 길어지면 저항값이 커지고, b와 같이 저항의 길이가 짧아지면 저항값이 작아지는 원리이다.

가변저항을 사용하여 아날로그 입력을 알아보도록 하자.(참고로 위 사진과 비슷하게 생겼지만 37종 센서에 있는 로터리 엔코더는 사용법이 다르므로 주의하자.)

좌우로 다이얼을 돌리면 내부저항이 변하여 0V~3.3V의 값이 ESP32로 흘러가게 된다. 이러한 전압을 0~4095라는 수치로 ESP32는 읽어 들인다. 3핀 케이블을 이용하여 GPIO34에 연결하여 보자.

### 아날로그 입력(가변저항) 예제

```
void setup() {
  Serial.begin(9600);              //PC와 시리얼통신 시작
  pinMode(34, INPUT);              //34핀 연결
}

void loop() {
  int sensor = analogRead(34);     //가변저항 값을 읽음
  Serial.println(sensor);          //센서값을 PC로 전송
  delay(50);
}
```

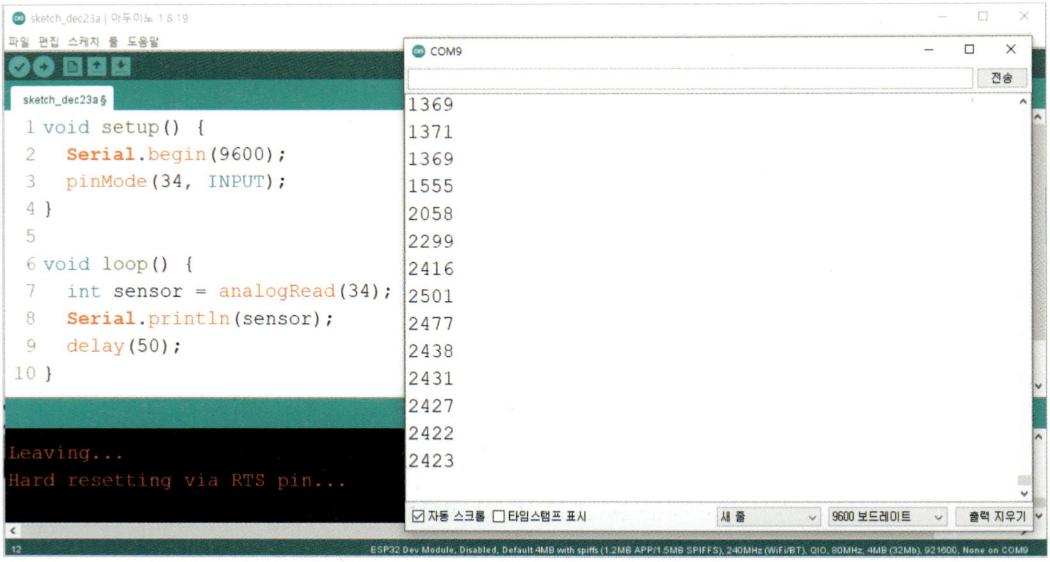


위 코드를 실행하면 34핀에 연결된 가변저항의 값이 시리얼통신으로 PC에 전송된다. 시리얼모니터 보다는 시리얼플로터로 확인하면 그 변화의 값을 눈으로 실감할 수 있을 것이다. 아날로그 센서를 사용할 경우에는 위 예제코드를 활용하여 센서의 최솟값과 최댓값을 확인하는 습관을 들이는 것이 좋다.

모든 센서가 가변저항처럼 0~4095라는 수치를 보여주는 것은 아니다. 이것은 0~4095를 나타낼 수 있다는 가능성일 뿐이고 실제 센서는 56~3920와 같이 환경에 따라 다양한 형태 값을 보여준다. 따라서 기본적으로 센서의 측정값을 확인하는 습관이 중요하다.

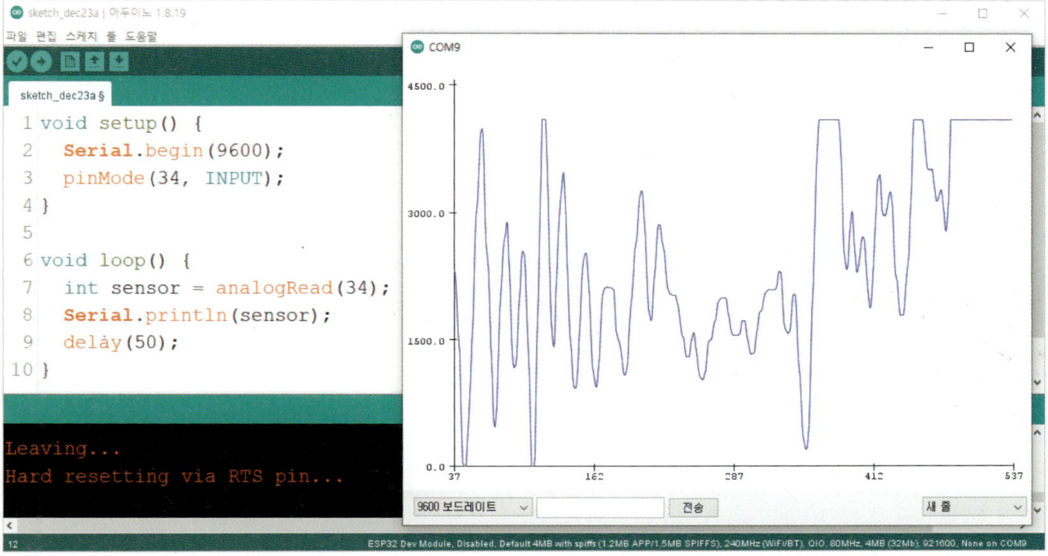


가변저항을 이용하여 LED의 밝기를 직접 조절하여 보자. 전등의 밝기를 조절한다고 여기면 될 것이다. 여기에서는 아날로그 센서를 어떻게 활용하는지 그 예를 살펴보고자 하는 것이다. 우선 가변저항은 현재 34핀에 연결된 상태이고, 앞에서 사용해 보았던 3W LED를 앞 32핀에 연결한다. (32핀의 PWM 출력을 이용하고자 한다.) 다음의 예제를 실행해 보자.

### 아날로그 입력(가변저항)과 PWM 출력 예제 1

```
void setup() {
  ledcSetup(0, 5000, 8);
  ledcAttachPin(32, 0);
  pinMode(34, INPUT);           //센서 34핀 연결
}

void loop() {
  int sensor = analogRead(34);  //가변저항 값을 읽음
  ledcWrite(0, sensor);
  delay(50);
}
```

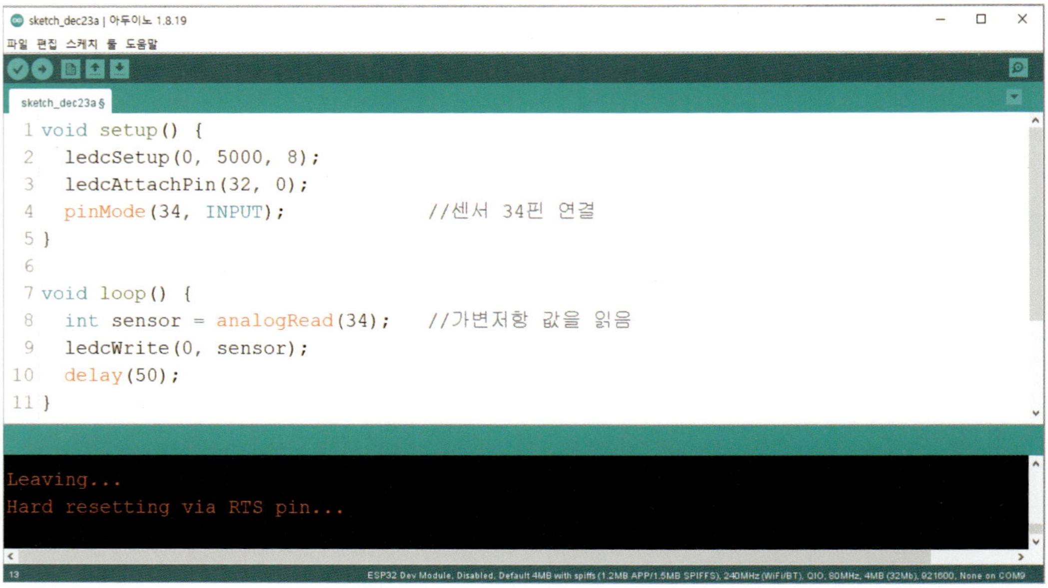


이상없이 작동은 하지만 무언가 이상한 부분이 있을 것이다. 가변저항을 천천히 돌리면 LED가 점점 밝아지다가 더 이상 변화가 없을 것이다. 이젠 오류가 발견되었으니 수정하여 보자.

원인은 센서값의 범위로 인한 것이다. 가변저항은 0~4095까지 입력되는데 이 값을 PWM 출력에 넣어서 발생하는 현상이다. 앞서 PWM 출력은 0~255 까지만 가능하도록 했다. 그러나 아날로그 센서의 값은 0~4095의 값을 가진다. 따라서 255를 넘는 순간부터는 변화가 없게 된다. 이는 다음과 같이 간단하게 해결할 수 있다.

### 아날로그 입력(가변저항)과 PWM 출력 예제 2

```
void setup() {
  ledcSetup(0, 5000, 8);
  ledcAttachPin(32, 0);
  pinMode(34, INPUT);              //센서 34핀 연결
}

void loop() {
  int sensor = analogRead(34);     //가변저항 값 읽음
  ledcWrite(0, sensor/16);         //센서값 16으로 나눔
  delay(50);
}
```

위와 같은 해결 방법도 있지만, 계산이 조금 복잡한 상황이 자주 발생한다.

예를 들어 서보모터 같은 경우에는 0~4095의 센서값을 0~180도의 서보모터 각도로 바꾸거나, 빛 센서와 같이 50~3930처럼 발생하는 값을 0~255로 변환하는 경우에는 계산식이 너무 복잡해진다.

### 아날로그 입력(가변저항)과 PWM 출력 예제 3

```
void setup() {
  ledcSetup(0, 5000, 8);
  ledcAttachPin(32, 0);
  pinMode(34, INPUT);
}
void loop() {
  int sensor1 = analogRead(34);
  int sensor2 = map(sensor1, 0, 4095, 0, 255);        //map함수
  ledcWrite(0, sensor2);
  delay(50);
}
```

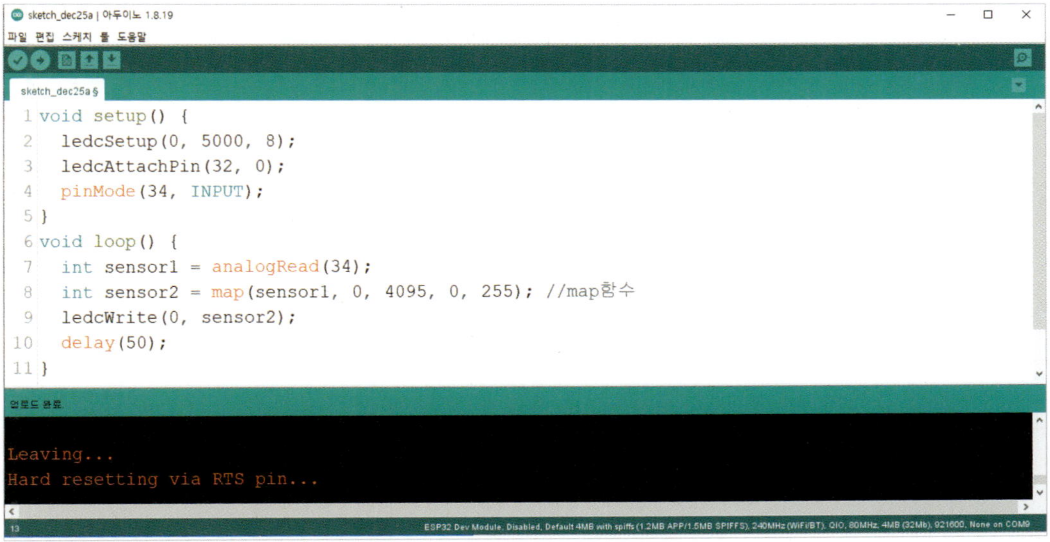


map()함수는 비례식 형태로 센서의 값을 다른 값의 분포로 바꾸어 주는 역할을 한다. 다음의 형태로 이용하면 된다.

```
map(입력값, 입력 최솟값, 입력 최댓값, 변환될 최솟값, 변환될 최댓값);
```

워터센서를 활용하여 센서의 값을 확인하고 신호등 LED를 활용하여 물의 많고 적음을 출력해 보자.

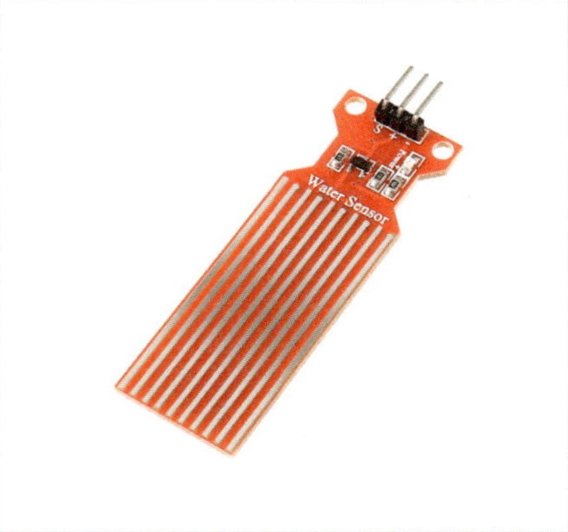


워터센서

### 아날로그 입력(워터센서)와 신호등 LED 출력

```
void setup() {
  ledcSetup(0, 5000, 8);
  ledcSetup(1, 5000, 8);
  ledcSetup(2, 5000, 8);
  ledcAttachPin(13, 0);
  ledcAttachPin(12, 1);
  ledcAttachPin(14, 2);
  pinMode(34, INPUT);
}
void loop() {
  int sensor1 = analogRead(34);
  int sensor2 = map(sensor1, 0, 2000, 0, 255);        //map함수
  if(sensor2<100){
     ledcWrite(0,255);
     ledcWrite(1,0);
     ledcWrite(2,0);
   }else if(sensor2<150){
     ledcWrite(0,0);
     ledcWrite(1,255);
     ledcWrite(2,0);
   }else{
     ledcWrite(0,0);
     ledcWrite(1,0);
     ledcWrite(2,255);
   }
}
```

```
void setup() {
  ledcSetup(0, 5000, 8);
  ledcSetup(1, 5000, 8);
  ledcSetup(2, 5000, 8);
  ledcAttachPin(13, 0);
  ledcAttachPin(12, 1);
  ledcAttachPin(14, 2);
  pinMode(34, INPUT);
}
void loop() {
  int sensor1 = analogRead(34);
  int sensor2 = map(sensor1, 0, 2000, 0, 255); //map함수
  if(sensor2<100){
     ledcWrite(0,255);
     ledcWrite(1,0);
     ledcWrite(2,0);
   }else if(sensor2<150){
     ledcWrite(0,0);
     ledcWrite(1,255);
     ledcWrite(2,0);
   }else{
     ledcWrite(0,0);
     ledcWrite(1,0);
     ledcWrite(2,255);
   }
}
```

```
업로드 완료.

Leaving...
Hard resetting via RTS pin...
```

map() 함수를 사용하기 전에 실제 센서의 최솟값과 최댓값을 시리얼 모니터로 확인한 후 변환해야 3가지 LED색을 모두 출력할 수 있음에 유의하자.

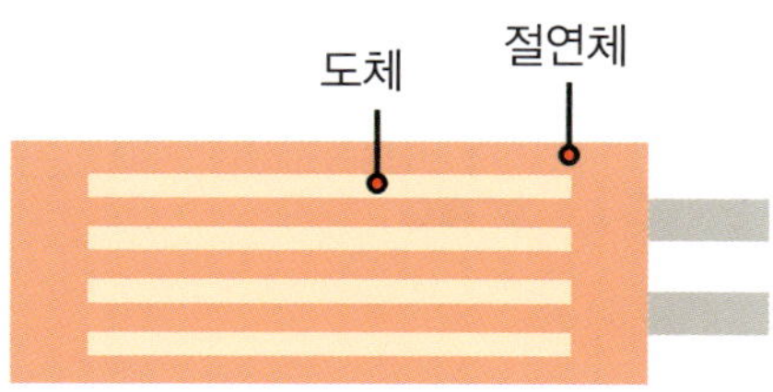


**워터센서 구조**

접촉식 워터센서는 니켈 같은 도체로 구성된 금속판이 절연체에 띄엄띄엄 떨어져 있는데 이러한 방식을 개방된 회로라고 하며 전기가 흐르지 않는다. 여기에 액체가 접촉하게 되면 떨어져 있는 도체가 연결되어 저항값이 줄어들고 전류가 흐르게 된다. 물에 접촉하는 표면적이 넓을수록 출력 저항값이 적어져 전류가 많이 전달되는데 이러한 센서의 원리에 의해 수분량을 파악하게 된다.

빛센서(CdS)

온도센서(NTC)

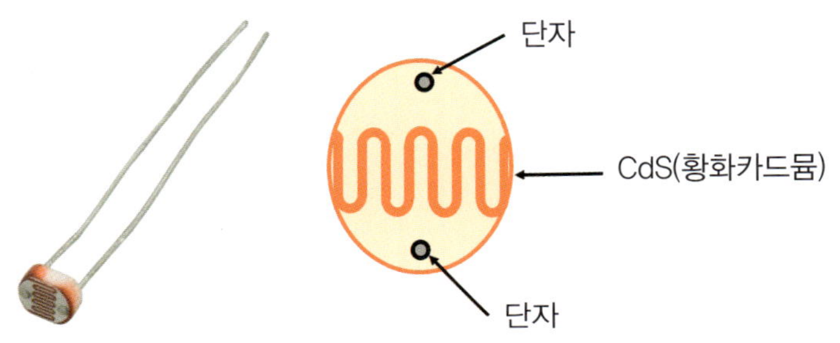


**빛센서 구조**

빛센서는 황화카드뮴(CdS)의 광전도 효과를 이용한 것으로 빛의 세기에 따라 저항값이 변하는 광 가변저항이다. 빛을 차단시키면 저항이 커지고 빛을 비춰주면 저항이 작아지는 성질을 가지고 있다.

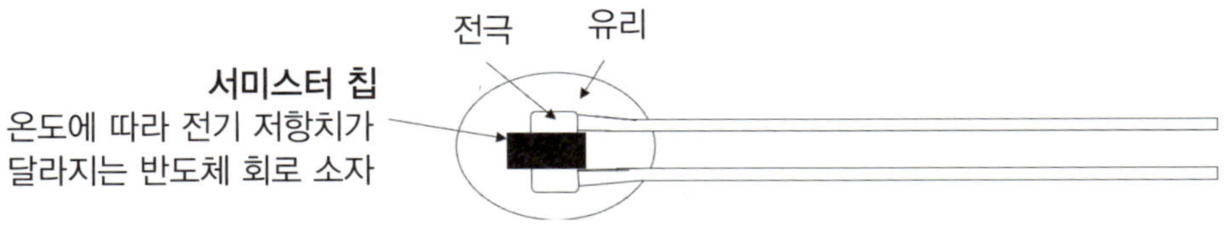


**온도센서 구조**

온도센서(NTC 서미스터)는 저항값을 변경할 수 있는 일종의 저항이다. 저항값은 온도에 따라 달라지는데 온도가 증가함에 따라 저항은 감소한다.

### 아날로그 입력(CdS) 예제

```
void setup() {
  Serial.begin(9600);              //PC와 시리얼통신 시작
  pinMode(13, INPUT_PULLUP);
}

void loop() {
  int sensor = analogRead(13);     //가변저항 값 읽음
  Serial.println(sensor);          //센서값 PC로 전송
  delay(50);
}
```

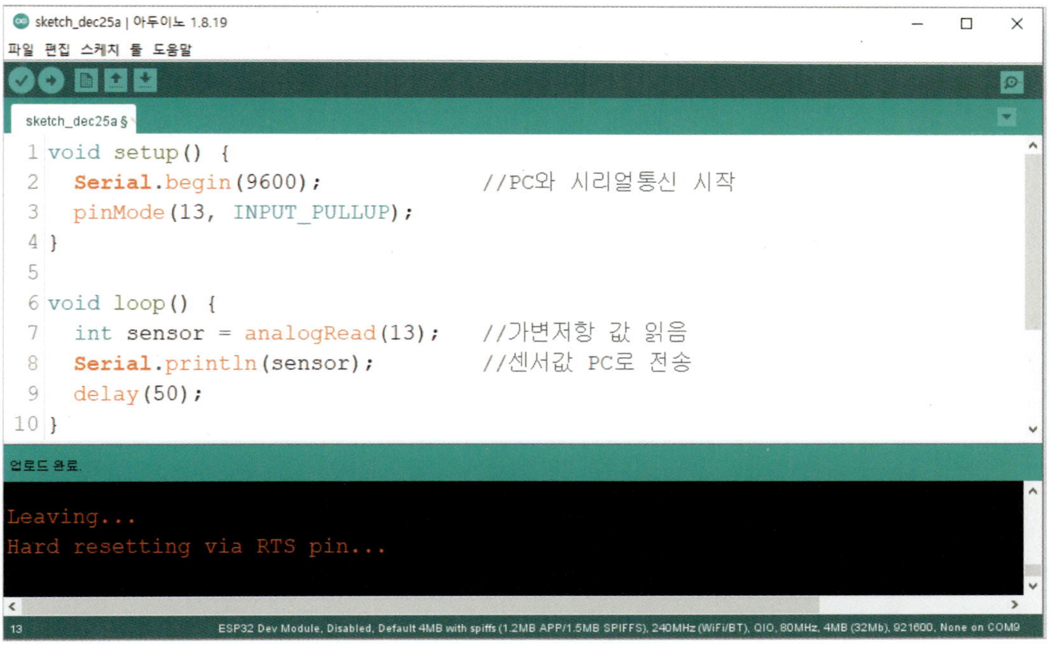


같은 아날로그 센서이지만 코드를 수정해야 할 부분이 있다. 앞의 버튼 예제에서도 사용한 적이 있지만, pinMode(13, INPUT_PULLUP); 과 같은 부분이다.

가변저항과 워터센서는 pinMode(13, INPUT);을 사용했지만 빛센서(CdS)와 온도센서에서는 pinMode(13, INPUT_PULLUP);을 사용한다. 차이는 INPUT, INPUT_PULLUP으로 이는 내부회로 구조의 차이로 인한 것이다. '09. 디지털 입력 센서' 단원에서 설명한 PULLUP 내용을 통해 확인해 보길 바란다.

이외에도 다양한 아날로그 센서가 있으나 사용법은 비슷하다.

사운드센서

사운드센서는 작은 콘덴서 마이크를 통해 주변에서 들어오는 소리의 크기에 반응하도록 만든 센서이다. 장착된 가변저항으로 소음에 대한 민감도를 설정해서 사용하며 소음의 발생 유무를 파악하는 정도의 센서이다. 풀업저항연결 상태로 만들어진 센서로 디지털출력핀(DO)을 사용하면 1인 상태(HIGH)로 유지되다 일정 크기 이상의 소음이 발생하면 0(LOW)로 출력된다.

### 디지털 입력(사운드센서) 예제

```
byte mic = 13;

void setup() {
  Serial.begin(115200);
  pinMode(mic, INPUT);
}

void loop() {
  int vol = digitalRead(mic);
  Serial.println(vol);
  delay(50);
}
```

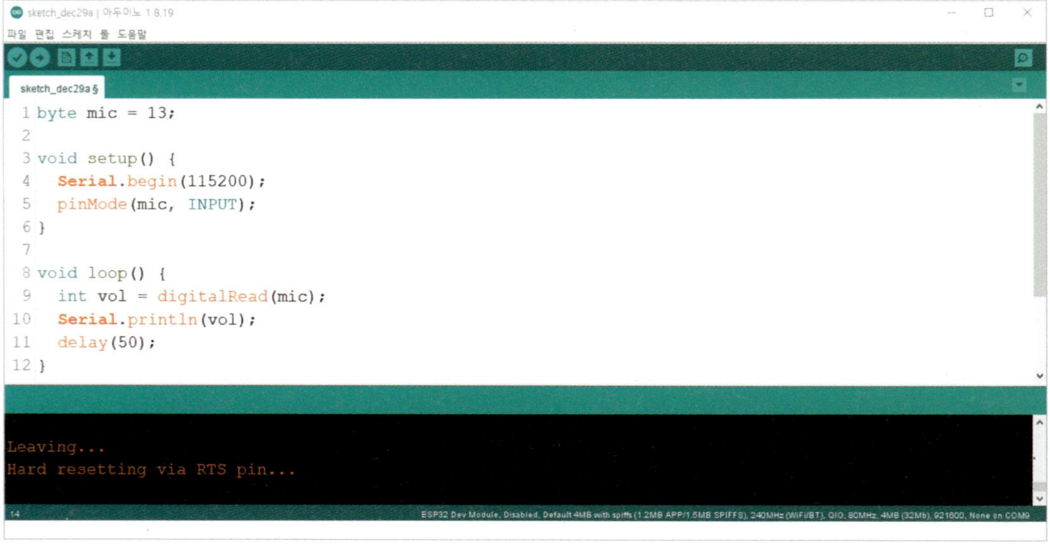

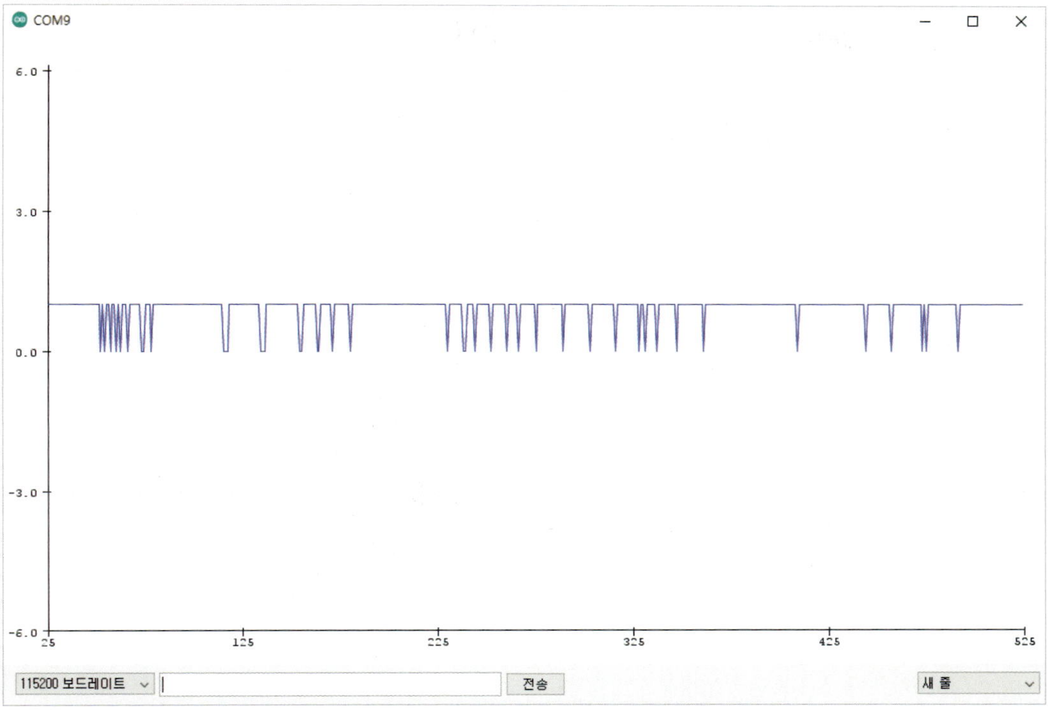


**아날로그 입력(사운드센서) 예제**

```
byte mic = 13;

void setup() {
  Serial.begin(115200);
  pinMode(mic, INPUT);
}

void loop() {
  int vol = analogRead(mic);
  Serial.println(vol);
  delay(50);
}
```

아날로그 출력핀(AO)을 사용하면 소음의 크기까지 읽어 들일 수 있다.

sketch_dec12a | 아두이노 1.8.19
파일 편집 스케치 툴 도움말
sketch_dec12a §
byte mic = 13;
void setup() {
Serial.begin(115200);
pinMode(mic, INPUT);
}
void loop() {
int vol = analogRead(mic);
Serial.println(vol);
delay(50);
}
Leaving...
Hard resetting via RTS pin...

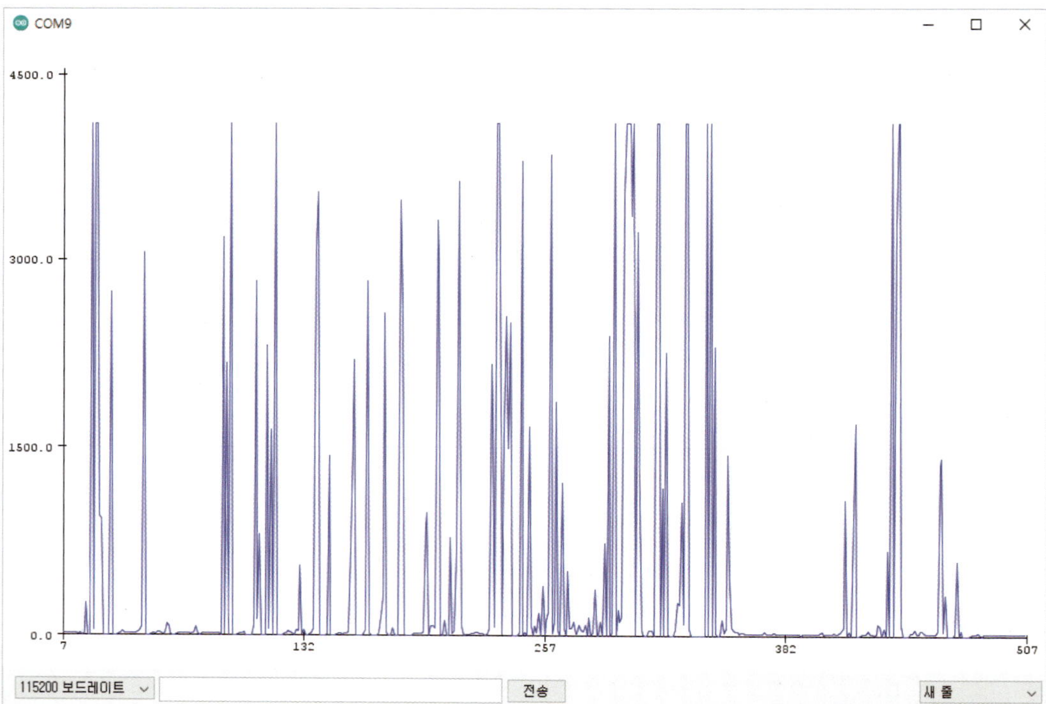
COM9
4500.0
3000.0
1500.0
0.0
7
132
257
382
507
115200 보드레이트
전송
새 줄

# 11 DHT11

## ESP32의 온습도센서 사용법을 익혀보자.

DHT11

DHT11은 온도와 습도를 동시에 측정할 수 있는 센서이다. 라이브러리만 이용하면 사용법도 간단한 편이다. DHT11은 작동전압이 3.3~5v 이므로 ESP32나 아두이노 관계없이 사용에 문제는 없다. 습도의 측정범위는 20~99%RH, 온도는 0~50℃ 이다. 실내와 같은 일상적인 상황에서는 저렴한 DHT11을 구매하여 사용할 수 있으나, 겨울철 실외를 측정해야 하는 상황이라면 DHT22와 같은 다른 모델을 사용해야 한다.

또한 습도의 오차범위가 ±5%, 온도의 오차범위가 ±2℃로 오차범위가 적은 편은 아니다. 따라서 더 정밀한 데이터를 얻고 싶다면 DHT22와 같은 센서를 사용하기 바란다.

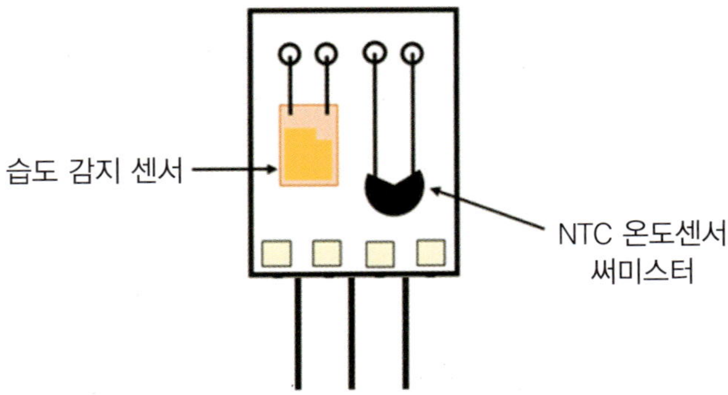


DHT11 내부 구조

습도센서는 공기 중의 수분 양을 측정하는 센서이기 때문에 공기와 닿는 부분을 가지고 있어야 한다. DHT11에서 작은 구멍들이 습도 센서를 위한 통풍이 잘되기 위한 구조라고 생각하면 된다. DHT11은 저항식 습도 센서로 두 전극이 서로 연결되어 있지 않지만 공기 중의 수분을 통해 아주 미세하게 전류가 흐를 수 있게 된다. 공기 중의 습도가 오르면 전류는 더 많이 흐르게 되는데 이를 통해 변화된 저항 값으로 습도를 측정하는 방식이 저항식 습도 센서라고 이해하면 된다. DHT11에는 써미스터라고 부르는 온도센서가 안에 들어가 있어서 이를 습도와 함께 결합해 사용하고 있다.

본격적으로 DHT11을 사용해 보도록 하자.

우선 esp826611이라는 라이브러리를 설치한다. 다른 라이브러리를 사용해도 상관은 없다. 다만 esp826611이라는 라이브러리가 사용하기 쉽다고 판단되어 예를 든 것뿐이다.

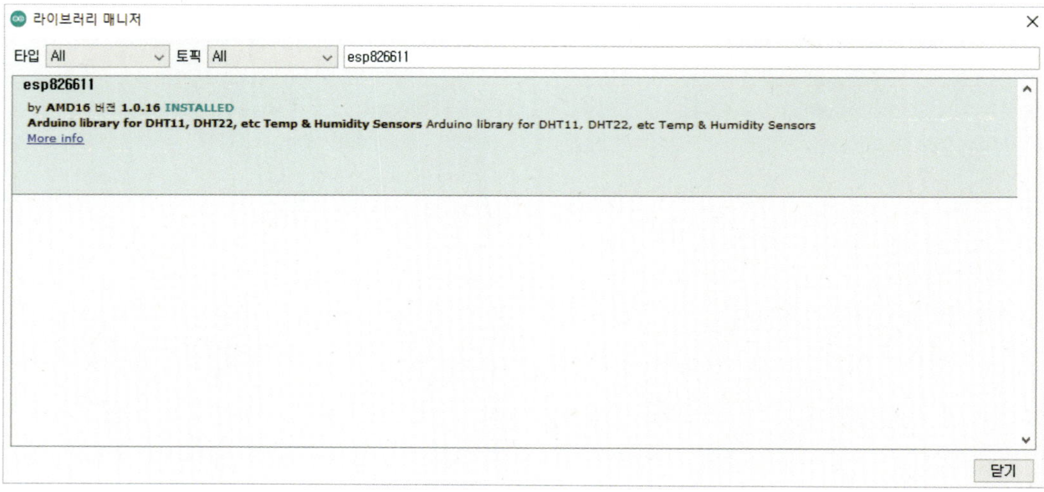

**DHT11 입력 예제**

```
#include <DHT.h>
DHT dht(13, DHT11);                         //13핀에 연결

void setup() {
  Serial.begin(115200);
  dht.begin();
}

void loop() {
  float temp = dht.readTemperature();       //온도측정
  float humi = dht.readHumidity();          //습도측정

  if(isnan(temp) || isnan(humi)){           //측정값이 없을 때
    Serial.println("ERROR!!");
    return;
  }

  Serial.print("Temp : ");
  Serial.print(temp);
  Serial.print(",  Humi : ");
  Serial.println(humi);
  delay(1500);
}
```

DHT11은 데이터변화가 빠른 편이 아니다. 따라서 측정값을 가져오는 것도 좀 느리게 해야 한다. 예제코드에서 delay(1500)을 한 이유이다. 온도와 습도 측정값을 출력해 보자.

```
COM9
Temp : 26.70,  Humi : 45.00
Temp : 34.90,  Humi : 88.00
Temp : 34.90,  Humi : 88.00
Temp : 35.40,  Humi : 95.00
Temp : 35.40,  Humi : 95.00
Temp : 36.80,  Humi : 95.00
Temp : 36.80,  Humi : 95.00
Temp : 37.40,  Humi : 95.00
Temp : 37.40,  Humi : 95.00
Temp : 36.50,  Humi : 95.00
Temp : 36.50,  Humi : 95.00
Temp : 35.90,  Humi : 95.00
Temp : 35.90,  Humi : 95.00
Temp : 35.30,  Humi : 95.00
Temp : 35.30,  Humi : 95.00
Temp : 34.80,  Humi : 95.00
Temp : 34.80,  Humi : 95.00
Temp : 34.70,  Humi : 95.00
☑자동 스크롤 ☐타임스탬프 표시   새 줄   115200 보드레이트   출력 지우기
```

# 12 Fan Motor

## ESP32의 팬모터 사용법을 익혀보자.

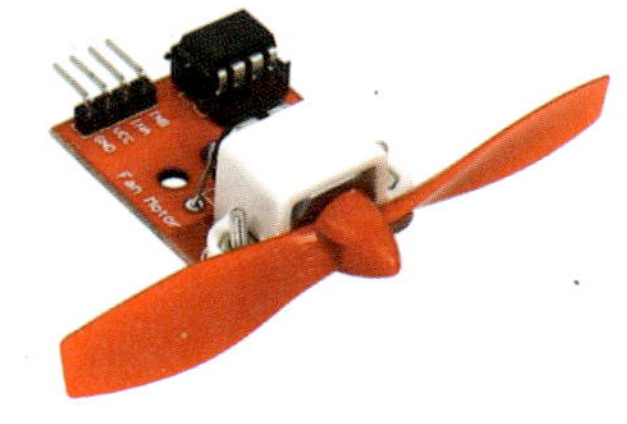

Fan Motor

자연 상태에서 매우 다양한 움직임을 관찰할 수 있지만 기계가 만드는 인공적인 움직임은 모터로 표현된다는 점에서 이번 단원은 반드시 익혀야 할 주제가 될 것이다.

모터 중에서 가장 기본이 되는 것은 직류모터(DC모터)이다. 직류모터는 직류 전류가 흐르면 모터가 회전하는 간단한 구조의 모터이다. 모든 모터는 적정 전압과 전류가 흘러야만 회전을 시작한다. 그러나 ESP32의 3.3v 전류 크기로는 아주 작은 모터가 아니고서는 모터를 회전시킬 수 있는 전압과 전류를 공급할 수는 없다. 또한 모터의 한 극에 +극, 다른 극에 －극을 연결하고 전압과 전류가 흐르면 모터는 회전하지만 반대로 회전시키기 위해서는 모터의 +극과 －극을 바꿔주어야 한다. 따라서 모터의 회전 방향을 자유롭게 조절을 할 수 있도록 회로를 구성해야 하는데 일반적으로 H-Bridge 구조를 많이 사용한다. 즉, 2가지 문제를 해결하는 회로가 있어야 한다는 것이다.

외부전력을 공급해 줄 수 있어야 하며 회전방향까지 조절할 수 있도록 회로를 구성해주어야 하는데 이러한 회로의 복잡함을 해결하기 위해 만들어진 것이 모터드라이버이다. 따라서 모터드라이버는 외부 전압과 전류를 공급하고 회전방향과 속도 조절을 해결할 수 있다.

팬모터 모듈은 DC모터를 조작하여 선풍기 같은 팬을 회전시킬 수 있도록 모터드라이버와 팬을 하나의 모듈로 제작한 것이다. 다만 팬모듈은 아주 작은 모터를 사용하기에 외부전원을 공급하지 않아도 되므로 외부전원 입력을 위한 핀이 별도로 만들어져 있지는 않다. 건전지 등을 이용해서 외부전원을 공급할 수는 있다.(팬모듈에 외부전원을 연결하기 위해서는 팬모터 모듈 모터드라이버의 VCC에 건전지의 +극을 연결하고, GND에 건전지의 －극을 연결한다. 그리고 건전지의 －극과 ESP32의 GND를 한 번 더 연결해 주어야 한다. 즉, 건전지의 －극과 모터드라이버 GND, ESP32의 GND 3곳이 연결되어야 한다.)

### 팬모터 출력 예제 1

```
int motorA = 21;
int motorB = 22;

void setup() {
  pinMode(motorA, OUTPUT);
  pinMode(motorB, OUTPUT);
}

void loop() {
  digitalWrite(motorA, HIGH);
  digitalWrite(motorB, LOW);
  delay(1000);
  digitalWrite(motorA, LOW);
  digitalWrite(motorB, LOW);
  delay(1000);
}
```

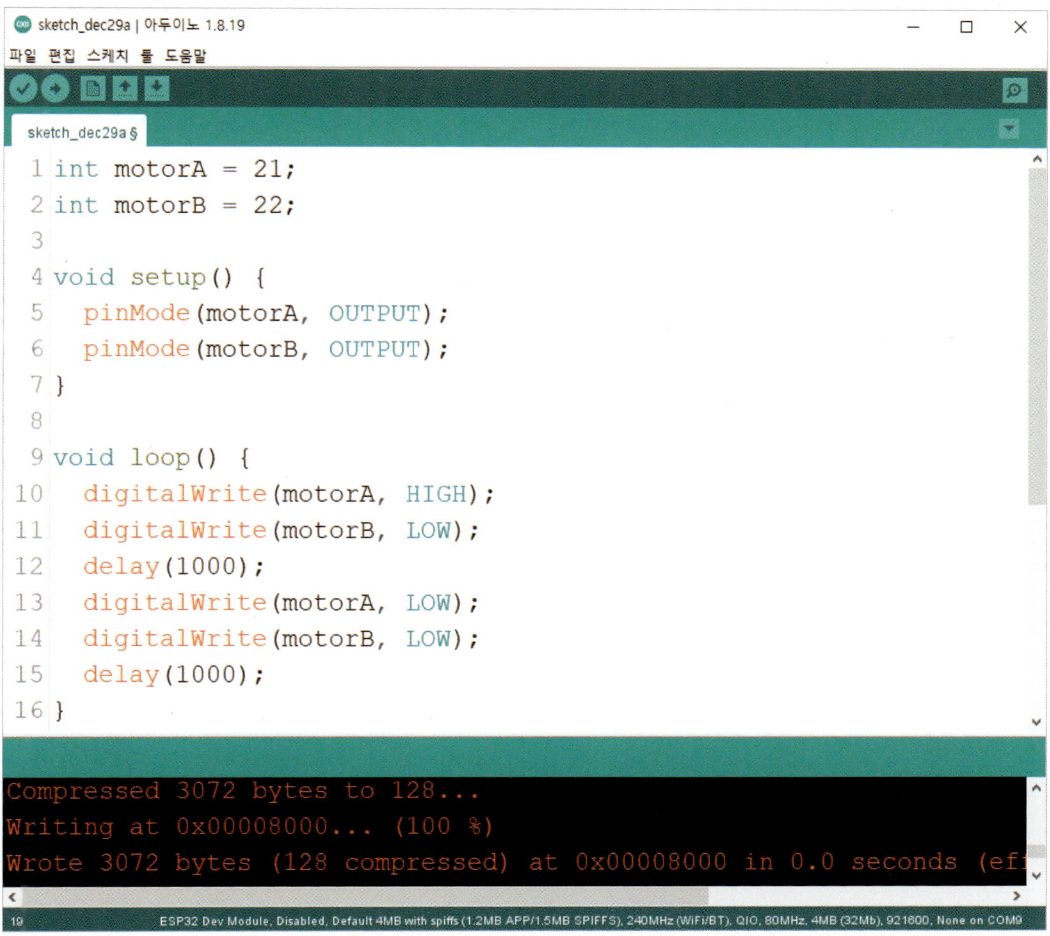

22핀에 HIGH(3.3V), 21핀에 LOW(0V)를 걸어주면 모터는 회전을 시작한다. 여기에서는 1초 동안 회전을 하고 1초 동안 정지(모터의 회전 관성력으로 인해 완전히 정지하는데에는 시간이 더 걸린다. 자동차 바퀴를 위한 보다 큰 전력의 모터드라이버는 모터 회전을 정지시키는데 브레이크를 걸어 바로 정지시키는 모터드라이버도 있다.)

22핀와 21핀의 전류의 흐름에 따라 다음과 같이 모터는 회전을 한다.

| motorA | motorB | 모터회전 |
|---|---|---|
| HIGH | HIGH | 정지 |
| HIGH | LOW | 정회전 |
| LOW | LOW | 정지 |
| LOW | HIGH | 역회전 |

모터의 정회전과 역회전이 성공했다면 이번에는 모터의 속도를 조절해 보자.

**팬모터 출력 예제 2**

```
int motorA = 21;
int motorB = 22;

void setup() {
  ledcSetup(0, 5000, 8);
  ledcSetup(1, 5000, 8);
  ledcAttachPin(motorA, 0);
  ledcAttachPin(motorB, 1);
  ledcWrite(1, 0)
}

void loop() {
  for(int i=0; i<256; i++){
    ledcWrite(0, i);
    delay(10);
  }
  delay(1000);
  for(int i=0; i<256; i++){
    ledcWrite(0, 255-i);
    delay(10);
  }
  delay(1000);
}
```

sketch_dec25a | 아두이노 1.8.19

```
int motorA = 21;
int motorB = 22;

void setup() {
  ledcSetup(0, 5000, 8);
  ledcSetup(1, 5000, 8);
  ledcAttachPin(motorA, 0);
  ledcAttachPin(motorB, 1);
  ledcWrite(1, 0)
}

void loop() {
  for(int i=0; i<256; i++){
    ledcWrite(0, i);
    delay(10);
  }
  delay(1000);
  for(int i=0; i<256; i++){
    ledcWrite(0, 255-i);
    delay(10);
  }
  delay(1000);
}
```

```
Leaving...
Hard resetting via RTS pin...
```

앞의 코드에서는 모터의 속도는 모터가 회전할 수 있는 최고 속도로 회전한다. 이는 digitalWrite(); 가 +3.3V와 0V로 밖에 표현하지 못하기 때문이다.

그렇다면 모터의 속도 조절은 어떻게 하는 것일까? 모터의 속도 조절은 앞에서 다루었던 PWM을 이용한다. 모터의 속도를 점점 올려서 최고 속도까지 간 다음 다시 속도를 점점 낮춰 정지 상태까지 만들어 보자. 참고로 모터가 정지상태에서 회전을 시작할 때에 전압과 전류가 가장 많이 소모된다. 이는 바퀴가 달린 것을 굴려보면 알 것이다. 바퀴가 처음 움직일 때 힘이 가장 많이 들지만 막상 움직이기 시작하면 힘이 덜 드는 것과 같은 원리이다. 따라서 모터가 가장 빠르게 회전하는 것을 255라고 했을 때 회전하기 위해서는 ledcWrite(0, 1); 을 한다고 해서 바로 움직이는 것은 아니라는 뜻이며 ledcWrite(0, 50); 처럼 어느 정도 올려줘야 회전을 시작한다는 뜻이다. 이 값은 외부전원 등 전력에 따라 달라진다. 특히 저속을 잘 표현하기 위해서는 전력이 충분해야 한다. 고속회전은 전력을 PWM형태로 공급하게 되므로 듀티사이클이 커서 상대적으로 전력이 많이 공급되지만 천천히 꾸준히 돌리는 것은 PWM의 듀티사이클이 줄어드는 것이므로 상대적으로 약한 전력이 공급된다. 따라서 전력부족이 반복되는 상태가 되어 어느 정도 듀티사이클이 커지기 전까진 회전을 못하게 된다. 그러므로 외부전력을 공급하는 등 전력이 충분해야만 아주 천천히 회전시키는 것이 가능하다.

이번에는 실제로 선풍기처럼 가변저항을 이용하여 팬모터의 속도조절을 해보도록 하자.

**팬모터 출력 예제 3**

```
int motorA = 21;
int motorB = 22;
int pot = 13;

void setup() {
  pinMode(13, INPUT);
  ledcSetup(0, 5000, 8);
  ledcSetup(1, 5000, 8);
  ledcAttachPin(motorA, 0);
  ledcAttachPin(motorB, 1);
  ledcWrite(1, 0);
}

void loop() {
  int val = analogRead(pot);
  int fan_speed = map(val, 0, 4095, 0, 255);
  ledcWrite(0, fan_speed);
  delay(100);
}
```

# 13 Servo & Ultrasonic Sensor

## ESP32의 서보모터와 초음파센서 사용법을 익혀보자.

기계에서 동작을 만들어 내는 것은 모두 모터가 하는 일이다. 모터에도 자동차 바퀴용으로 사용하는 DC모터, 프린터처럼 정밀한 움직임에 사용한 스텝모터, 힘(토크)을 만들어 내기 위하여 기어를 장착한 기어모터 등 다양한 모터가 있지만, 가장 쉽고 다양하게 사용하는 서보모터를 사용하여 보자. 서보모터는 0~180도 정도의 주어진 각도로만 움직이는 모터이다. 따라서 모터에 이동할 각도만 알려주면 된다.

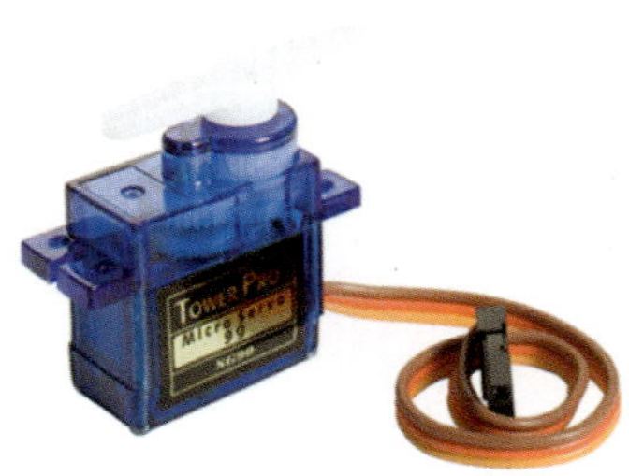

Servo

우선 서보모터는 서보모터를 쉽게 사용할 수 있도록 도와주는 라이브러리를 설치해야 한다. 메뉴의 스케치>>라이브러리 포함하기>>라이브러리 관리를 선택하고 ServoEsp32를 검색해서 설치하길 바란다.

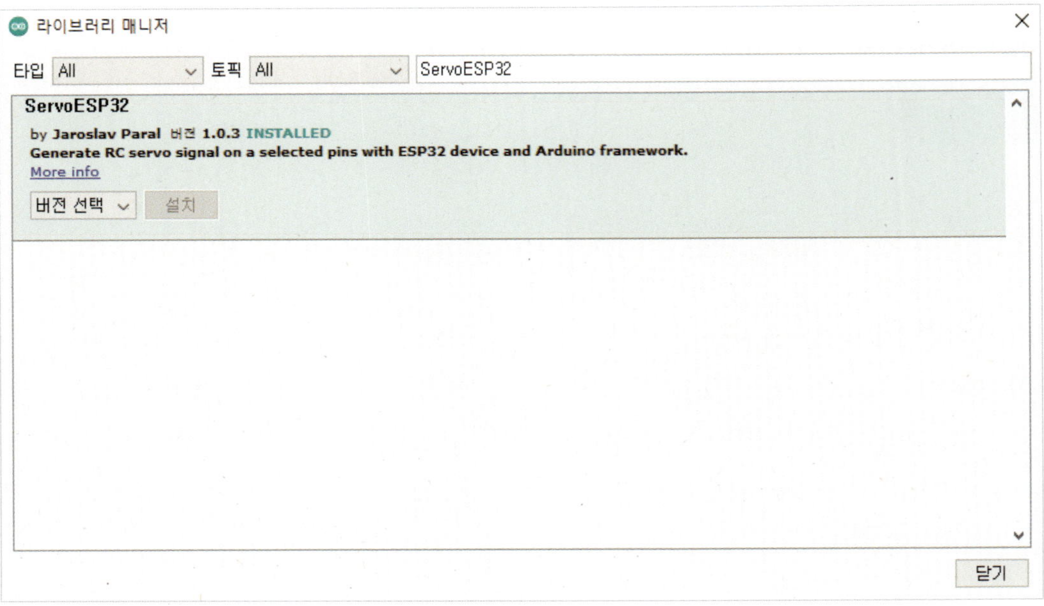


라이브러리가 설치되었으면, 다음 그림처럼 라이브러리를 불러와서 사용하도록 하겠다. 다음과 같이 코딩하여도 되지만 메뉴의 스케치>>라이브러리 포함하기를 이용해서 ServoEsp32 라이브러리를 선택하여도 된다.

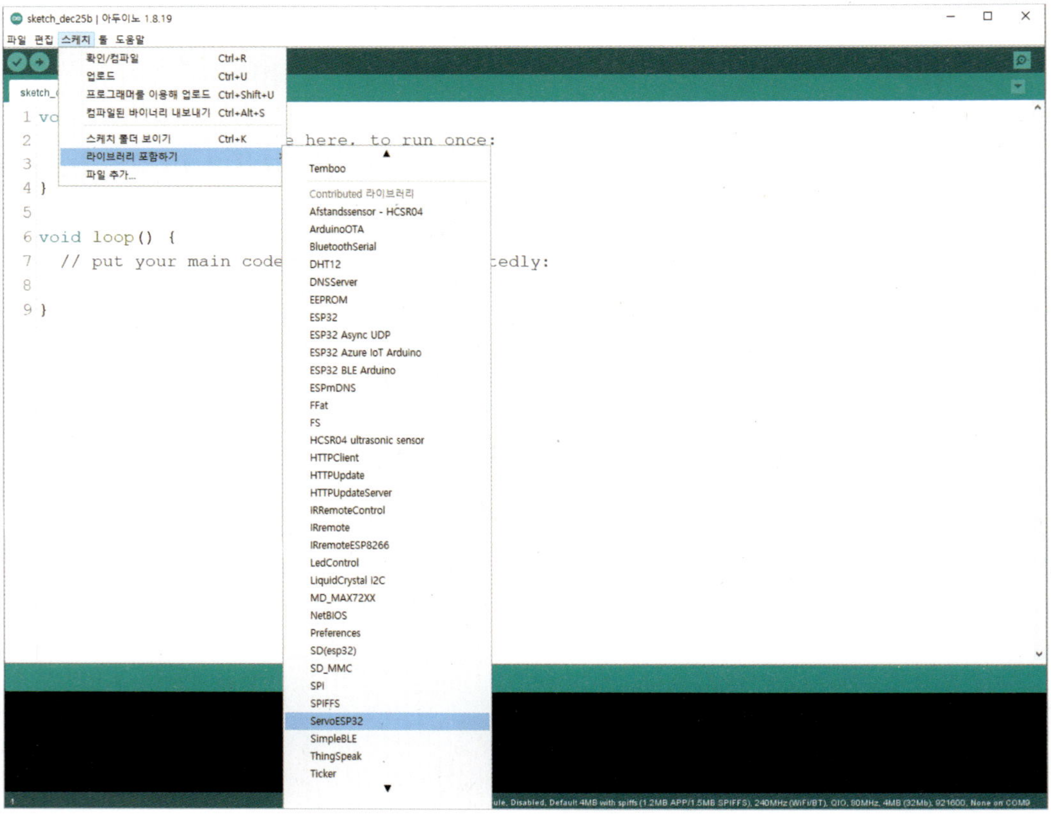

라이브러리를 사용하지 않고도 코딩을 할 수 있지만, 상당히 복잡한 코딩이다. 서보모터의 공학적 작동방식을 정확히 알지 못하고 서보모터를 직접 코딩하여 사용하는 것은 매우 어려운 일이다. 따라서 쉽게 사용할 수 있도록 전문가들에 의해 함수 형태로 만들어 제공하는 라이브러리를 사용하는 것도 하나의 방법이다.

서보모터는 이론상으론 0~180도를 이동할 수 있지만, 180도 부근에선 많은 부하가 발생하여 진동이 발생하거나 열이 발생하기 때문에 0~170도 정도를 사용하는 것을 권장한다.

### 서보모터 예제

```
#include <Servo.h>          //서보모터 라이브러리를 사용함
Servo svo;                  //서보모터를 svo라 함

void setup() {
  svo.attach(13);           //13핀에 서보모터 연결
}

void loop() {
  svo.write(0);             //서보모터 0도로 이동
  delay(1000);              //서보모터가 충분히 이동할 수 있도록 1초 대기
  svo.write(170);           //서보모터 170도로 이동
  delay(1000);              //서보모터가 충분히 이동할 수 있도록 1초 대기
}
```

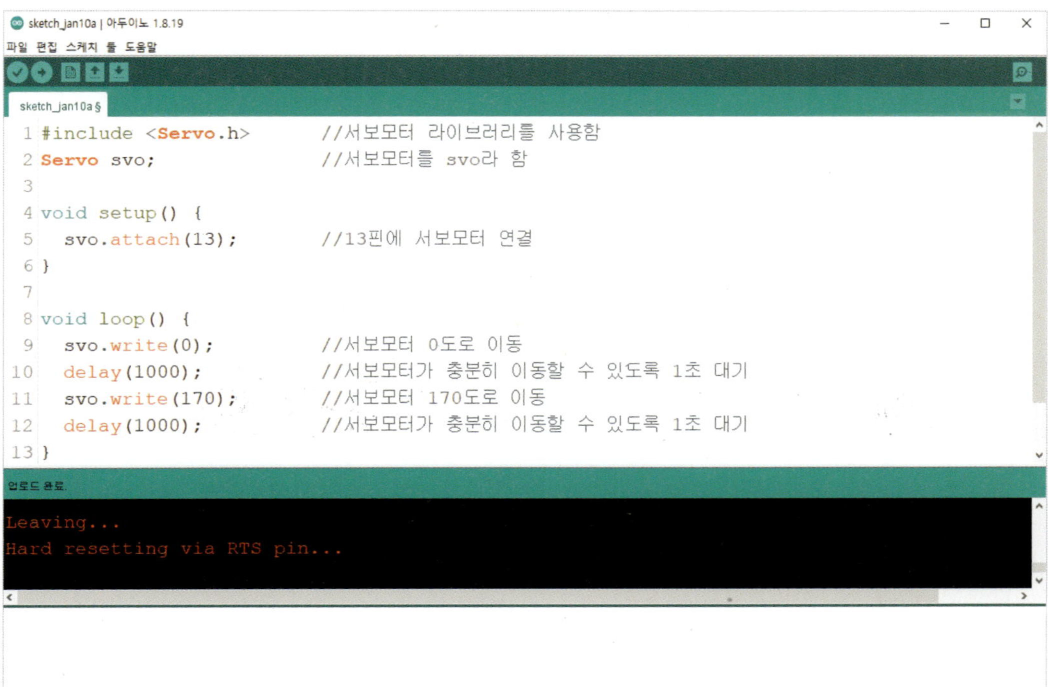

다음은 가변저항을 이용하여 서보모터를 내가 원하는 만큼 움직이도록 코딩을 해보자. 서보모터는 13핀, 가변저항은 15핀에 연결한다.

**서보모터와 가변저항 예제**

```
#include <Servo.h>          //서보모터 라이브러리를 사용함
Servo svo;                  //서보모터를 svo라 함

void setup() {
  svo.attach(13);           //13핀에 서보모터 연결
  pinMode(15, INPUT);       //15핀에 가변저항 연결
}

void loop() {
  int sensor = analogRead(15);
  int angle = map(sensor, 0, 4095, 170, 0); //0~4095 => 170~0도
  svo.write(angle);
}
```

서보모터와 가변저항의 움직임이 서로 반대로 움직인다. 가변저항을 왼쪽으로 돌리면 서보모터는 오른쪽으로 돈다. 따라서 움직임을 맞추기 위해 map 함수에서 0~170도가 아닌 170~0도로 뒤집어 사용하였다.

|   |  |
|---|---|
| 초음파센서(HC-SR04) | Vcc-5V / Trig-13핀 / Echo-12핀 / Gnd-GND |

다음은 초음파센서(HC-SR04)를 사용하여 보자. 초음파센서는 초음파를 방출하여 장애물에 반사되어 되돌아오기까지의 시간을 측정하는 원리로 거리를 측정하는 센서이다.

초음파센서의 Vcc-Trig-Echo-Gnd를 ESP32의 5V-13핀-12핀-GND에 연결하겠다.

주의사항은 HC-SR04는 5V로 작동하기 때문에 VCC핀을 ESP32의 5V에 연결해 주어야 한다는 점이다.

**서보모터와 초음파센서 예제 1**

```
int trig = 13;
int echo = 12;

void setup() {
  Serial.begin(9600);
  pinMode(trig, OUTPUT);
  pinMode(echo, INPUT);
}

void loop() {
  digitalWrite(trig, HIGH);
  delayMicroseconds(10);
  digitalWrite(trig, LOW);
  float cm = pulseIn(echo, HIGH)/58.0;
  Serial.println(cm);
  delay(100);
}
```

직접 코딩할 수도 있지만 보다 간편하게 라이브러리를 사용해 보자. 초음파센서용 라이브러리는 아두이노 개발툴에 없으므로 외부에서 다운로드 받아 추가하여야 한다. 우선 메뉴의 스케치>>라이브러리 포함하기>>라이브러리 관리를 선택한다.

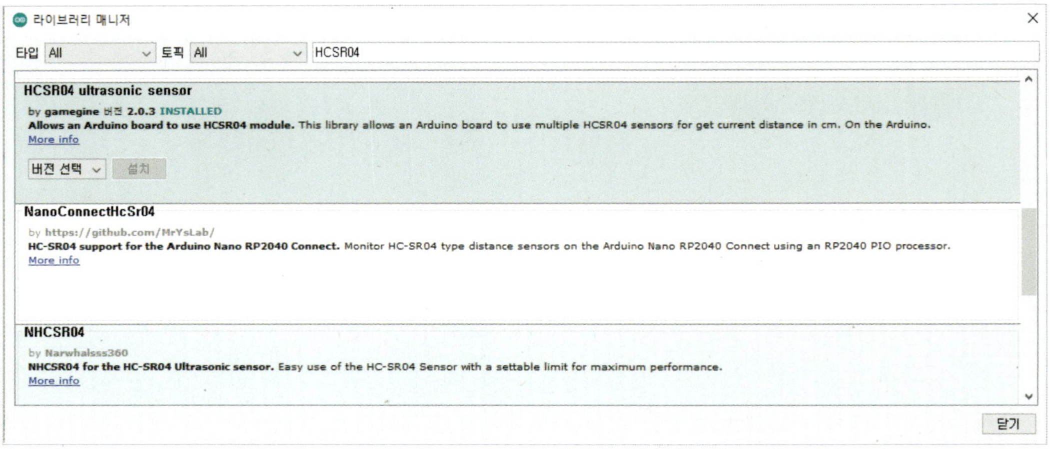


위에서 HCSR04로 검색하면 여러 가지 라이브러리가 나온다. 자신이 사용하기 편한 라이브러리를 설치하여도 되지만, 여기에서는 HC-SR04 ultrasonic sensor를 설치하겠다.

### 서보모터와 초음파센서 예제 2

```
#include <HCSR04.h>
HCSR04 hc(13,12);         //(trig pin , echo pin)

void setup(){
  Serial.begin(9600);
}

void loop(){
  Serial.println(hc.dist());
 }
```

모든 센서는 센서별 특징이 있게 마련이다. HC-SR04는 약 3cm~200cm 정도의 거리를 측정하는 정도로 알고 사용하는 것이 좋다. 실제 제조사의 스펙은 이보다 더 먼거리를 측정한다고 하지만 그것은 가장 높은 수치를 나타내는 것이며 실용상 오차가 많아지므로 2m를 넘기지 않는 것이 바람직하다.

# 14 Joystick

## ESP32의 조이스틱 사용법을 익혀보자.

조이스틱(Joystick)은 '스틱'이라 불리는 긴 막대형의 레버를 잡고 상하좌우로 밀거나 당겨서 조작하는 방식의 컨트롤러 입력 장치로 게임 컨트롤러로 가장 많이 쓰인다. 간단한 조작으로 X축 이동과 Y축 이동이 동시에 가능하며, 여기에서 사용하는 조이스틱은 중앙의 레버를 누르면 동작하는 버튼 기능까지 추가되어 있다.

|  |  |
|---|---|
| Joystick | GND–GND / 5V–VCC / SW–D4 / VRx–D2 / VRy–D15 |

이 3가지 기능을 동시에 구현하여 보자.

조이스틱에는 5개의 연결핀이 있다. 조이스틱의 +5v는 아두이노와 연결할 때는 5V에 연결하지만, ESP32는 INPUT, OUTPUT 모두 +3.3V 기준이기 때문에 +3.3V 또는 VCC에 연결한다.

조이스틱 스위치는 앞에서 배운 스위치(버튼)와 사용법이 동일하다. 따라서 4핀에 연결한 후 INPUT_PULLUP으로 설정한다. VRx는 X축이동(가로이동)을 측정하는 가변저항이고, VRy는 Y축 이동(세로이동)을 측정하는 가변저항이다. 두 가변저항 모두 입력값이 0~4095이기 때문에 map() 함수를 이용하여 X축과 Y축 측정값을 0~255로 조정해 보겠다. 두 가변저항 센서 값을 게임에 적용하기 위해서는 0~4095보다 0~255이 사용하기 쉽기 때문이다.

조이스틱 예제

```
int sw  = 4;
int x   = 2;
int y   = 15;

void setup() {
  Serial.begin(115200);
  pinMode(x, INPUT);
  pinMode(y, INPUT);
  pinMode(sw, INPUT_PULLUP);
}

void loop() {
  int btn = digitalRead(sw)*255;
  int rx = analogRead(x);
  int ry = analogRead(y);
  int val_x = map(rx, 0, 4095, 0, 255);
  int val_y = map(ry, 0, 4095, 0, 255);
  Serial.print(btn);
  Serial.print(',');
  Serial.print(val_x);
  Serial.print(',');
  Serial.println(val_y);
  delay(100);
}
```

위의 코드에서 수신되는 값들을 시리얼모니터를 통해 살펴보면 다음과 같다.

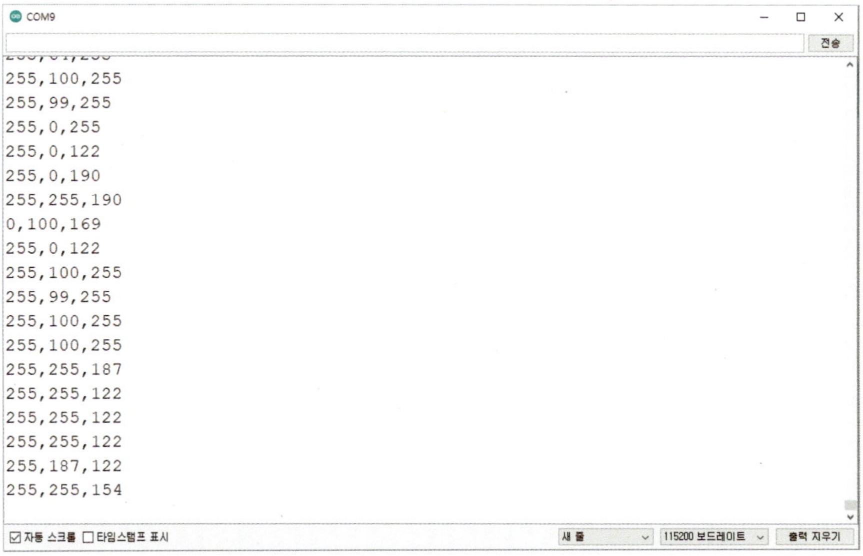


첫 번째 255는 스위치를 누르지 않은 상태일 때 출력되는 값, 두 번째 값은 x축의 변화 그리고 세 번째 값은 y축의 변화를 나타낸다. 시리얼 플로터를 이용하여 그래프로 나타내면 다음처럼 3개의 그래프로 표현된다.

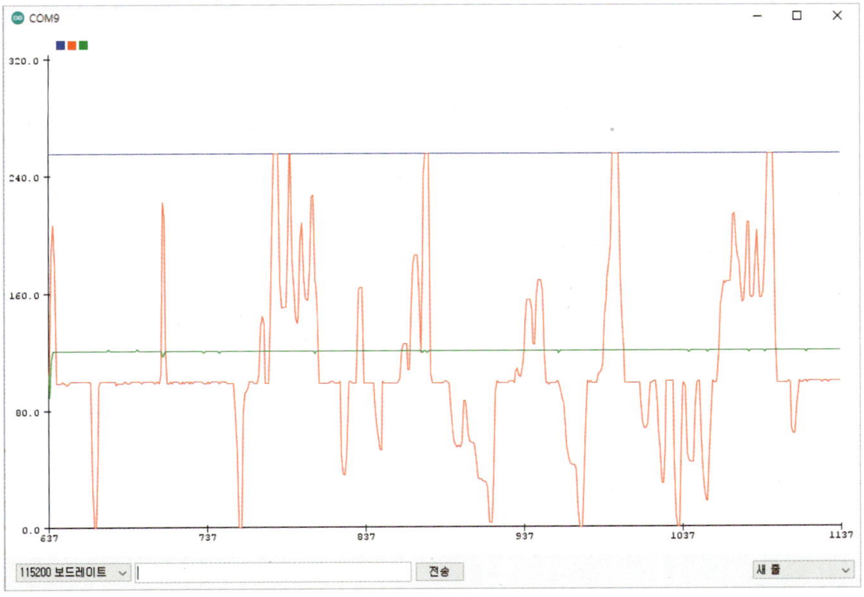


위의 파란 그래프는 스위치를 눌렀을 때를 측정한 그래프이다.

예제 코드에서 int btn = digitalRead(sw)*255;와 같이 255를 곱해준 이유는 스위치가 출력하는 0과 1 값은 그래프 상에서 변화가 크지 않기 때문에 폭을 키우기 위하여 신호값을 증폭시킨 것이다.

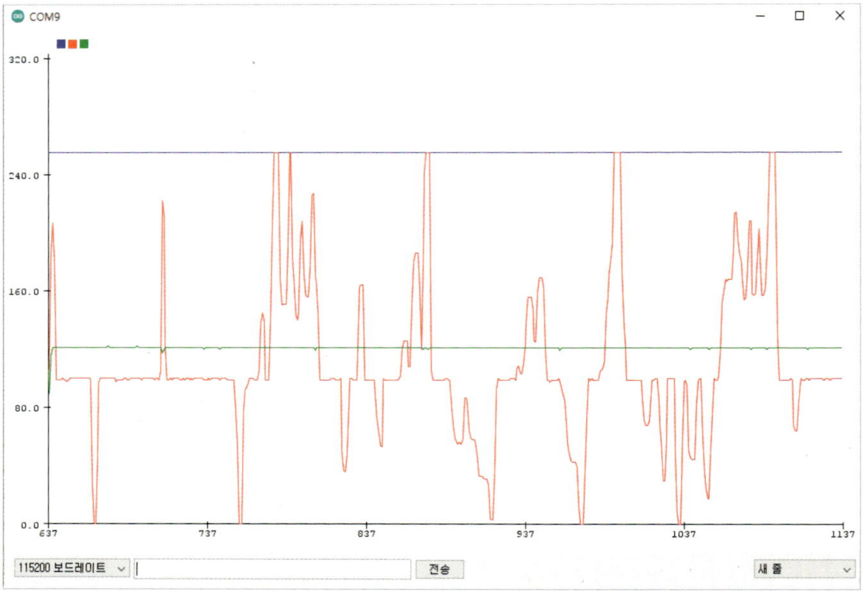


붉은색 그래프는 x축의 변화를 그래프로 나타낸 것이다.

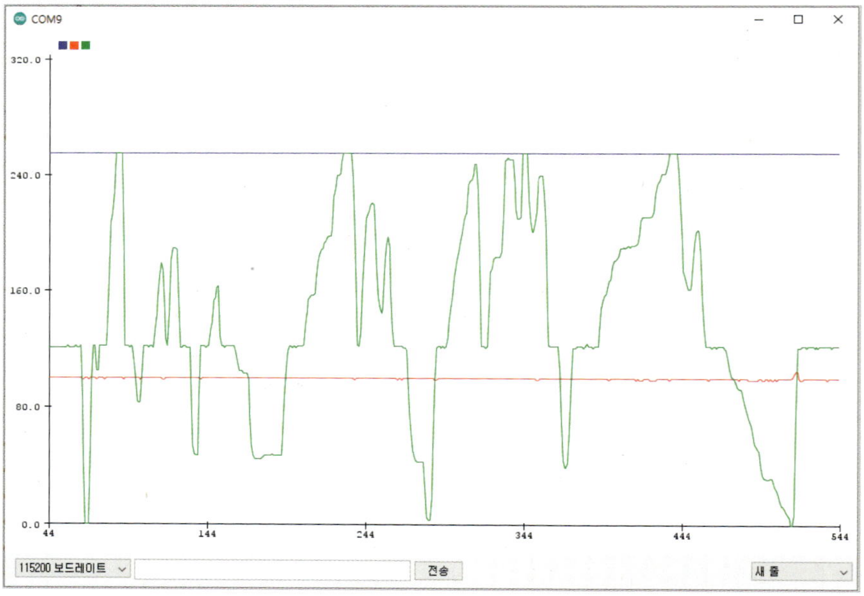


스위치 값에 255를 곱해줌으로써 x축 변화와 y축 변화 값을 함께 비교하기도 좋다.

원래 센서 값(0~4095)을 map()함수를 사용하여 0~255로 바꾼 이유도 여기에 있다. 센서값의 변화폭이 크면 그래프로 표현했을 때 화면 한 폭에 담기가 어렵다. 조이스틱으로 게임을 구성한다고 했을 때도 마찬가지다. 조이스틱 가운데 스위치(버튼)로 오브젝트의 점프, x는 x축 움직임을, y는 y축 움직임을 표현한다고 했을 때 사용자가 예상한 정도의 움직임이 되기 위해서는 센서 값의 폭을 줄여서 출력하게 하는 것이 유리하기 때문이다.

# 15 Dot Matrix

## ESP32의 도트매트릭스 사용법을 익혀보자.

|  |  |
|---|---|
| Dot Matrix | VCC-VIN/GND-GND/DIN-D23/CS-D5/CLK-D18 |

도트매트릭스는 LED가 여러 개 배열되어 있는 출력장치를 의미한다. 우리가 사용하는 것은 가로 8개, 세로 8개의 배열로 8X8 매트릭스이다. 총 64개의 LED가 켜지거나 꺼지면서 문자나 그림, 이모티콘 등을 표현하게 된다.

도트매트릭스는 5개의 선이 필요하다. 5핀 케이블을 사용하기 바란다. 도트매트릭스의 VCC-3.3V, GND-GND, DIN-D23, CS-D5, CLK-D18로 연결된다.(5V에 연결하면 좀 더 밝아진다.)

하쌤보드 ESP32 핀맵 다이어그램

| 신호단자 이름 | 다른 이름 | 설명 | 기능이 부여된 핀 |
|---|---|---|---|
| SCLK | SCK, CLK | Serial Clock | GPIO18 |
| MOSI | SDI, DI, SI | Master Output Slave Input | GPIO23 |
| MISO | SDO, Do, SO | Slave Output Master Input | GPIO19 |
| SS | nCS, CS, nSS,STE, CE | Slave Select, Chip Enable | GPIO5 |

위와 같이 기능이 부여된 핀을 사용할 경우 핀 번호를 선언하지 않고도 사용 가능하다.
코드를 작성하기 전에 라이브러리를 설치해보자.
도트매트릭스를 사용하는 것은 라이브러리를 이용하는 것이 간편하다.
메뉴의 스케치>>라이브러리 포함하기>>라이브러리 관리를 클릭한다.

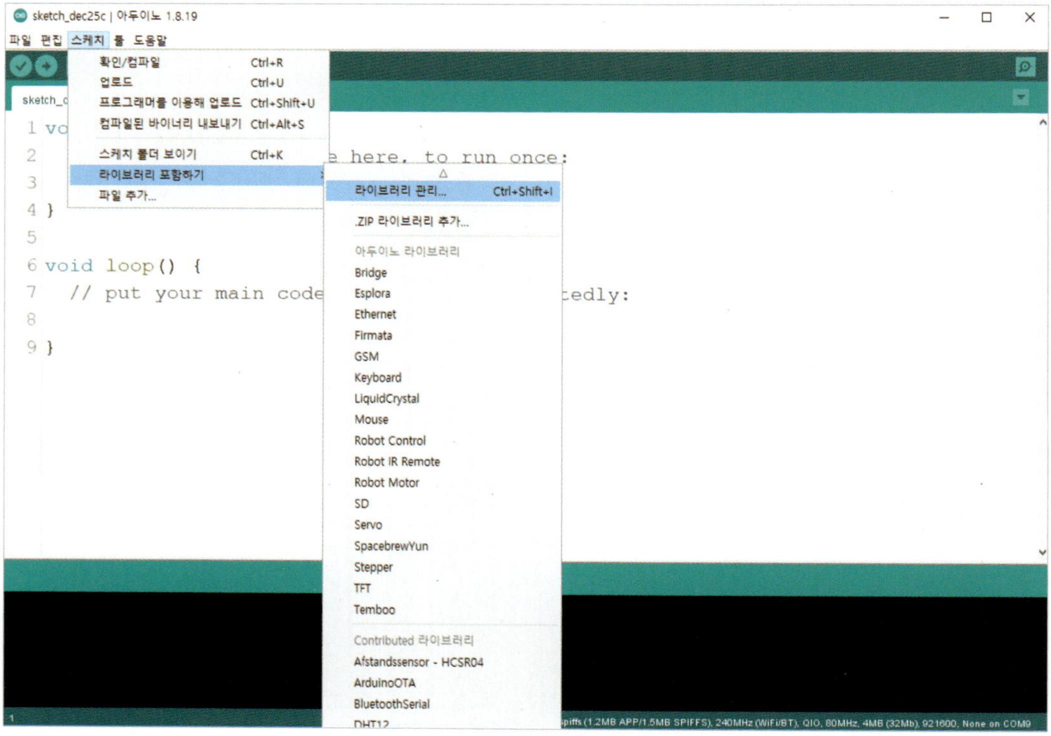

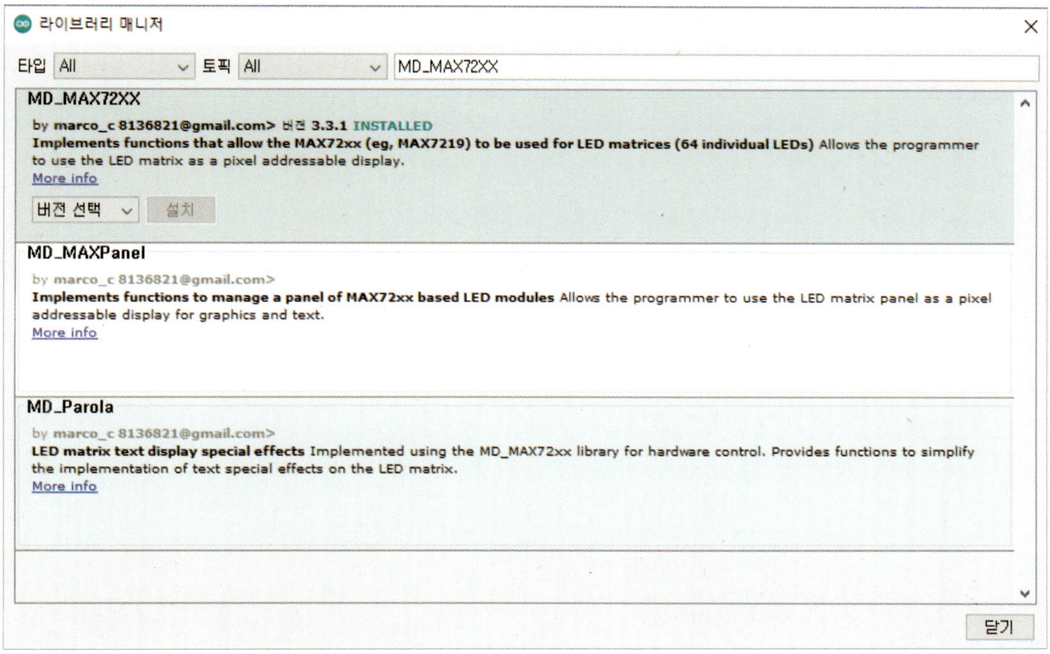


라이브러리 매니저에 MD_MAX72XX를 검색하면 위 화면과 같이 라이브러리가 나오는데 위와 같이 'MD_MAX72XX' 항목의 라이브러리를 설치한다.

**도트매트릭스 예제 1**

```
#include <MD_MAX72xx.h>
#define TYPE MD_MAX72XX::PAROLA_HW
MD_MAX72XX lc = MD_MAX72XX(TYPE, 5, 1);

void setup(){
  lc.begin();
}

void loop(){
  lc.setPoint(2, 4, true);            //(2,4)위치의 LED를 켠다.
  lc.setRow(0, 5, B10100000);       //5행 LED를 10100000 형태로 켠다.
  lc.setColumn(0, 1, B10100000);  //1열 LED를 10100000 형태로 켠다.
}
```

```
#include <MD_MAX72xx.h>
#define TYPE MD_MAX72XX::PAROLA_HW
MD_MAX72XX lc = MD_MAX72XX(TYPE, 5, 1);

void setup(){
  lc.begin();
}

void loop(){
  lc.setPoint(2, 4, true);            //(2,4)위치의 LED를 켠다.
  lc.setRow(0, 5, B10100000);       //5행 LED를 10100000 형태로 켠다.
  lc.setColumn(0, 1, B10100000); //1열 LED를 10100000 형태로 켠다.
}
```

```
Leaving...
Hard resetting via RTS pin...
```

**실행결과**

도트매트릭스가 정상 작동되는 것을 확인하였으면 다음의 예제를 실행하여 보자.

**도트매트릭스 예제 2**

```
#include <MD_MAX72xx.h>
#define TYPE MD_MAX72XX::PAROLA_HW
MD_MAX72XX lc = MD_MAX72XX(TYPE, 5, 1);

void setup(){
  lc.begin();
}

void loop() {
  lc.clear();
  delay(200);
  lc.setColumn(0,7,B11111111);
  delay(200);
  lc.setColumn(0,6,B00010000);
  delay(200);
  lc.setColumn(0,5,B00010000);
  delay(200);
  lc.setColumn(0,4,B11111111);
  delay(200);
  lc.setColumn(0,3,B00000000);
  delay(200);
  lc.setColumn(0,2,B00000000);
  delay(200);
  lc.setColumn(0,1,B11111111);
  delay(200);
  lc.setColumn(0,0,B00000000);
  delay(1000);
}
```

**실행결과**

이번에는 비트 연산자를 적용하여 도트매트릭스를 표현해 보자.

### 도트매트릭스 예제 3

```
#include <MD_MAX72xx.h>
#define TYPE MD_MAX72XX::PAROLA_HW
MD_MAX72XX lc = MD_MAX72XX(TYPE, 5, 1);

int a;
int b;
int c;
int d;
int e;
int f;
int g;
int h;

void setup(){
  lc.begin();
  a = B00000000;
  b = B01100110;
  c = B11111111;
  d = B11111111;
  e = B01111110;
  f =  B00111100;
  g = B00011000;
  h = B00000000;
}
```

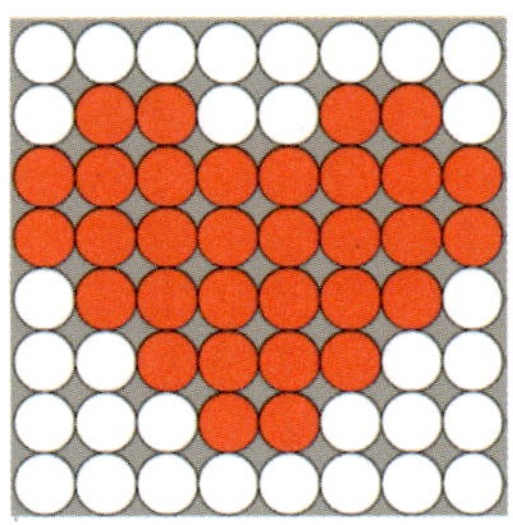

```
void loop() {
  lc.clear();
  lc.setRow(0,0,a);
  lc.setRow(0,1,b);
  lc.setRow(0,2,c);
  lc.setRow(0,3,d);
  lc.setRow(0,4,e);
  lc.setRow(0,5,f);
  lc.setRow(0,6,g);
  lc.setRow(0,7,h);
  delay(1000);
```

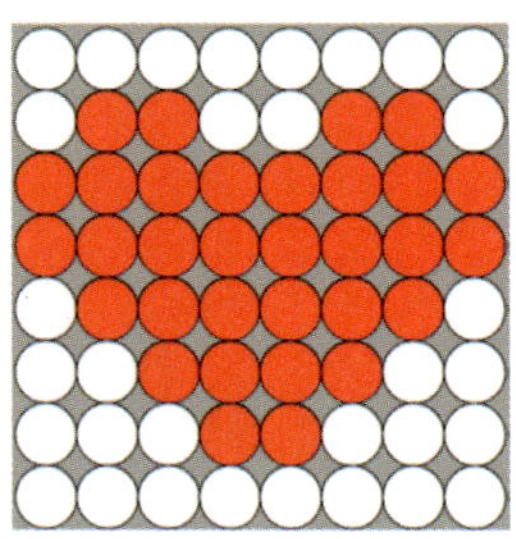

```
  lc.setRow(0,0,~a);
  lc.setRow(0,1,~b);
  lc.setRow(0,2,~c);
  lc.setRow(0,3,~d);
  lc.setRow(0,4,~e);
  lc.setRow(0,5,~f);
  lc.setRow(0,6,~g);
  lc.setRow(0,7,~h);
  delay(1000);
}
```

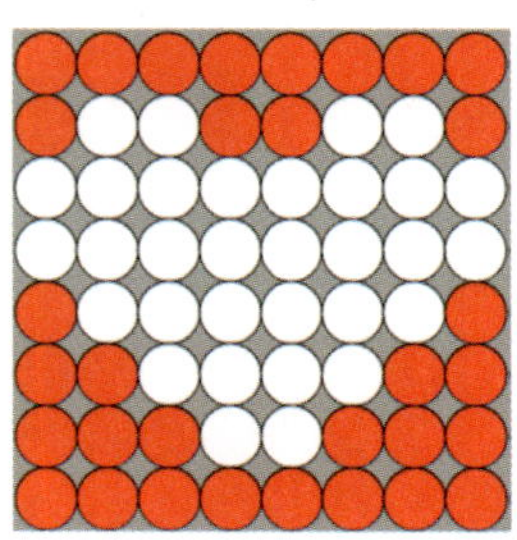

| 실행결과 | |
|---|---|
|  |  |
| lc.setRow(0,0,a);<br>lc.setRow(0,1,b);<br>lc.setRow(0,2,c);<br>lc.setRow(0,3,d);<br>lc.setRow(0,4,e);<br>lc.setRow(0,5,f);<br>lc.setRow(0,6,g);<br>lc.setRow(0,7,h); | lc.setRow(0,0,~a);<br>lc.setRow(0,1,~b);<br>lc.setRow(0,2,~c);<br>lc.setRow(0,3,~d);<br>lc.setRow(0,4,~e);<br>lc.setRow(0,5,~f);<br>lc.setRow(0,6,~g);<br>lc.setRow(0,7,~h); |

C/C++언어에서 비트 NOT 연산자는 물결(~)이다. 비트 NOT 연산자는 각 비트를 반대로 바꾸어 준다. 즉, '0'은 '1'이 되고 '1'은 '0'이 된다. 위 실행 결과를 통해 물결(~)의 의미를 이해할 수 있을 것이다. setRow()의 경우 핀 연결 부위가 오른쪽으로 향하게 했을 때 맨 아래 줄이 0번이다. 따라서 위 코드에 의해 만든 모양은 연결부위가 오른쪽을 향하게 하고 보아야 할 것이다.

이번에는 위 코드에 '~a'대신 'a>>4'를 넣어보자.

| 실행결과 | |
|---|---|
|  |  |
| lc.setRow(0,0,a);<br>lc.setRow(0,1,b);<br>lc.setRow(0,2,c);<br>lc.setRow(0,3,d);<br>lc.setRow(0,4,e);<br>lc.setRow(0,5,f);<br>lc.setRow(0,6,g);<br>lc.setRow(0,7,h); | lc.setRow(0,0,a>>4);<br>lc.setRow(0,1,b>>4);<br>lc.setRow(0,2,c>>4);<br>lc.setRow(0,3,d>>4);<br>lc.setRow(0,4,e>>4);<br>lc.setRow(0,5,f>>4);<br>lc.setRow(0,6,g>>4);<br>lc.setRow(0,7,h>>4); |

비트 오른쪽 쉬프트 연산자(>>) 는 왼쪽 피연산자의 비트를 오른쪽 피연산자에 의해 지정된 위치 수만큼 오른쪽으로 옮긴다. 예를 들어 'a>>4'라고 하면 위 결과에서 보는 것처럼 원래 모양을 오른쪽으로 4칸 옮기게 한 결과를 볼 수 있을 것이다.

이번에는 다양한 이모티콘을 표현해 보자.

**도트매트릭스 예제 4**

```
#include <MD_MAX72xx.h>
#define HARDWARE_TYPE MD_MAX72XX::PAROLA_HW
MD_MAX72XX lc = MD_MAX72XX(HARDWARE_TYPE, 5, 1);

void setup() {
  lc.begin();
  Serial.begin(115200);
}

void loop() {
  lc.setRow(0, 0, B00010000);
  lc.setRow(0, 1, B00110000);
  lc.setRow(0, 2, B01010000);
  lc.setRow(0, 3, B10011111);
  lc.setRow(0, 4, B10011111);
  lc.setRow(0, 5, B01010000);
  lc.setRow(0, 6, B00110000);
  lc.setRow(0, 7, B00010000);
}
```

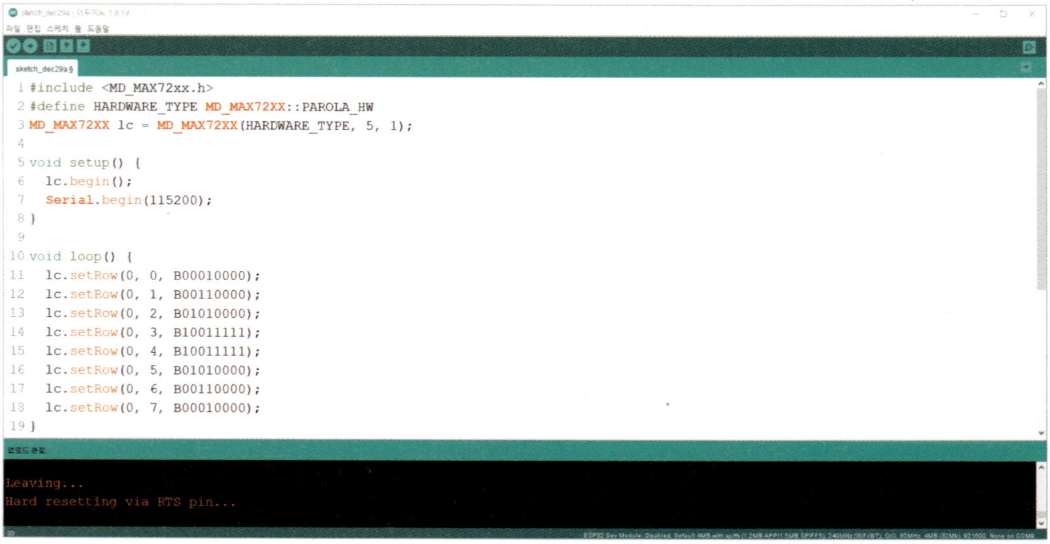

이번에는 동일한 효과를 내지만 화살표 이모티콘을 다음과 같이 배열변수로 표현해보자.

```
int arrow[8] = {
        B00010000,
        B00110000,
        B01010000,
        B10011111,
        B10011111,
        B01010000,
        B00110000,
        B00010000
};
```

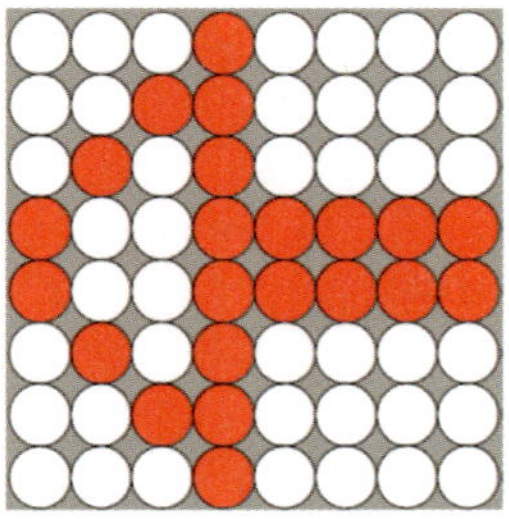

arrow[8]은 8개의 요소를 지닌 int 타입(정수형 타입)의 arrow라는 배열변수를 사용한다는 뜻이며, arrow[0] = B00010000, arrow[1] = B00110000, arrow[2] = B01010000, arrow[3] = B10011111, arrow[4] = B10011111, arrow[5] = B01010000, arrow[6] = B00110000, arrow[7] = B00010000를 의미한다.

다음은 위처럼 배열변수를 이용하여 앞의 코드와 동일한 화살표 이모티콘을 나타내는 코드를 작성한 것이다.

**도트매트릭스 예제 5**

```
#include <MD_MAX72xx.h>
#define HARDWARE_TYPE MD_MAX72XX::PAROLA_HW
MD_MAX72XX lc = MD_MAX72XX(HARDWARE_TYPE, 5, 1);

int arrow[8] = {
  B00010000,
  B00110000,
  B01010000,
  B10011111,
  B10011111,
  B01010000,
  B00110000,
  B00010000
};

void setup() {
  lc.begin();
}

void loop() {
  for(int i=0; i<8; i++){
    lc.setRow(0, i, arrow[i]);
  }
}
```

같은 효과를 내기 위하여 굳이 복잡한 배열변수를 이용할 필요는 없다. 그러나 배열변수를 활용하면 다음과 같이 보다 다양한 효과를 표현하기가 편해진다.

예를 들어서 화살표가 왼쪽으로 이동하는 애니메이션 효과를 만들어 보도록 하자. 앞에서 배운 쉬프트 연산자도 함께 활용해 볼 수 있을 것이다.

**도트매트릭스 예제 6**

```
#include <MD_MAX72xx.h>
#define HARDWARE_TYPE MD_MAX72XX::PAROLA_HW
MD_MAX72XX lc = MD_MAX72XX(HARDWARE_TYPE, 5, 1);
```

```
int arrow[8] = {
  B00010000,
  B00110000,
  B01010000,
  B10011111,
  B10011111,
  B01010000,
  B00110000,
  B00010000
};

void setup() {
  lc.begin();
}

void loop() {
  for(int n=0; n<8; n++){
    for(int i=0; i<8; i++){
      lc.setRow(0, i, arrow[i]<<n);
    }
   delay(1000);
  }
}
```

이 코드에서는 화살표가 왼쪽으로 1초에 1칸씩 이동할 것이다. 그리고 8칸을 이동한 후 다시 처음부터 반복하고 있다.

```
lc.setRow(0, i, arrow[i]<<n);
```

arrow[i]<<n에서 '<<' 쉬프트연산자이다. 쉬프트(Shift)는 2진수 표기에서 자리 이동을 의미한다.

| 이진수 | B00000001 | B00000010 | B00000100 | B00001000 | … |
|---|---|---|---|---|---|
| 십진수 | 1 | $2^1$ | $2^2$ | $2^3$ | … |

2진수 B00000001은 십진수에서 1이다. 2진수가 왼쪽으로 한자리 더 이동하면 B00000010가 되는데 이는 십진수로 2가 된다. 즉, 이진수가 왼쪽으로 한 칸 옮겨갈 때마다 $2^1$, $2^2$, $2^3$…과 같이 2의 거듭제곱 형태로 바뀌게 된다. 이러한 쉬프트 연산 과정은 실제로 8비트로 구성된 메모리에서 일어나는 현상과 같아서 컴퓨터는 이러한 형태를 빠르게 처리할 수 있다.

메모리상의 비트를 왼쪽으로 또는 오른쪽으로 자리 이동시키는 것을 쉬프트라고 하며 이런 작업을 하게 만드는 것을 쉬프트연산자(<<, >>)라고 한다.

```
#include <MD_MAX72xx.h>
#define HARDWARE_TYPE MD_MAX72XX::PAROLA_HW
MD_MAX72XX lc = MD_MAX72XX(HARDWARE_TYPE, 5, 1);

int arrow[8] = {
  B00010000,
  B00110000,
  B01010000,
  B10011111,
  B10011111,
  B01010000,
  B00110000,
  B00010000
};

void setup() {
  lc.begin();
}

void loop() {
  for(int n=0; n<8; n++){
    for(int i=0; i<8; i++){
      lc.setRow(0, i, arrow[i]<<n);
    }
    delay(1000);
  }
}
```

```
Leaving...
Hard resetting via RTS pin...
```

**실행결과**

결과적으로 위의 코드에서 화살표에 해당하는 모든 비트가 왼쪽으로 1초에 1칸씩 이동을 하며 움직이는 것처럼 보이는 것이다. 다만 화살표가 왼쪽 끝까지 이동한 후에는 다시 화면 중앙에 화살표가 나타나며 시작된다. 이를 좀 더 보완하기 위하여 화살표가 오른쪽 끝에서 시작되어 왼쪽 끝까지 이동하는 코드로 고쳐보도록 하자. 그리고 이동하는 속도도 좀 더 빠르게 고쳐보도록 하겠다.

다음 코드를 보면 오른쪽 쉬프트연산자와 왼쪽 쉬프트연산자를 번갈아 가며 사용하고 있다. 즉 시작할 때 화살표를 오른쪽 쉬프트연산자를 사용하여 8번째 칸에서 시작해서 왼쪽으로 1칸씩 이동하고, 화살표가 원래의 위치에 도달하면 다시 왼쪽 쉬프트연산자를 사용하여 왼쪽으로 8번째 칸까지 이동하게 된다.

**도트매트릭스 예제 7**

```
#include <MD_MAX72xx.h>
#define HARDWARE_TYPE MD_MAX72XX::PAROLA_HW
MD_MAX72XX lc = MD_MAX72XX(HARDWARE_TYPE, 5, 1);

int arrow[8] = {
  B00010000,
  B00110000,
  B01010000,
  B10011111,
  B10011111,
  B01010000,
  B00110000,
  B00010000
};

void setup() {
  lc.begin();
}

void loop() {
  for(int n=0; n<8; n++){
    for(int i=0; i<8; i++){
      lc.setRow(0, i, arrow[i]>>8-n);          //오른쪽 쉬프트 연산자
    }
    delay(200);
  }
  for(int n=0; n<8; n++){
    for(int i=0; i<8; i++){
      lc.setRow(0, i, arrow[i]<<n);            //왼쪽 쉬프트 연산자
    }
    delay(200);
  }
}
```

**실행결과**

이번에는 가변저항을 추가하여 화살표의 속도를 조절하는 기능을 추가해 보겠다. 이때 속도제어 코드 부분을 구성해 보고자 한다.

**가변저항(도트 속도 조절)**

화살표 속도를 변화주기 위해 사용자 정의 함수 arrow_speed(){ }를 만들었다. 이 함수는 13핀에 연결한 가변저항의 값을 delay()에 적용함으로써 속도를 제어하려고 한다. 아날로그 센서인 가변저항은 최솟값 0에서부터 최댓값 4095을 가지는데 실제로 우리가 눈으로 구분할 수 있는 값으로 변환하기 위해 map() 함수를 사용했다.

**도트매트릭스 예제 8**

```
#include <MD_MAX72xx.h>
#define HARDWARE_TYPE MD_MAX72XX::PAROLA_HW
MD_MAX72XX lc = MD_MAX72XX(HARDWARE_TYPE, 5, 1);
int arrow[8] = {B00010000, B00110000, B01010000, B10011111,
  B10011111, B01010000, B00110000, B00010000};
int val = 0;
int wait = 0;

void setup() {
  lc.begin();
  pinMode(13, INPUT);                    // 13핀 가변저항
}
```

```
void loop() {
  for(int n=0; n<8; n++){
    for(int i=0; i<8; i++){
      lc.setRow(0, i, arrow[i]>>8-n);
    }
    delay(arrow_speed());
  }
  for(int n=0; n<8; n++){
    for(int i=0; i<8; i++){
      lc.setRow(0, i, arrow[i]<<n);
    }
   delay(arrow_speed());
  }
}

int arrow_speed(){
  val = analogRead(13);                    // 13핀 가변저항 연결
  wait = map(val, 0, 4095, 500, 10);       // 가변저항 센서값 변환
  return wait;
}
```

속도 제어까지 되는 화살표 이모티콘 애니메이션을 디스플레이하는 것까지 만들어 보았다. 그런데 화살표가 반전(Invert)된 모양 즉, 배경 LED가 켜져 있고 화살표 LED가 꺼진 이모티콘은 어떻게 표현할 수 있을지 생각해보자. 앞에서 배운 NOT 연산자를 이용하여 해결할 수 있을 것이다.

**도트매트릭스 예제 9**

```
#include <MD_MAX72xx.h>
#define HARDWARE_TYPE MD_MAX72XX::PAROLA_HW
MD_MAX72XX lc = MD_MAX72XX(HARDWARE_TYPE, 5, 1);

int arrow[8] = {B00010000, B00110000, B01010000, B10011111,
                B10011111, B01010000, B00110000, B00010000};
int val = 0;
int wait = 0;

void setup() {
  lc.begin();
  pinMode(13, INPUT);
}

void loop() {
  for(int n=0; n<8; n++){
    for(int i=0; i<8; i++){
      lc.setRow(0, i, ~arrow[i]>>8-n);
    }
    delay(arrow_speed());
  }
  for(int n=0; n<8; n++){
    for(int i=0; i<8; i++){
      lc.setRow(0, i, ~arrow[i]<<n);
    }
    delay(arrow_speed());
  }
}

int arrow_speed(){
  val = analogRead(13);
  wait = map(val, 0, 4095, 10, 500);
  return wait;
}
```

```
lc.setRow(0, i, arrow[i]>>8-n);  =>  lc.setRow(0, i, ~arrow[i]>>8-n);
```

비트 연산에서는 '~'이 표기가 반전을 의미한다. 즉 ~1은 0을 나타내며, ~0은 1을 뜻한다.

따라서 arrow[0] = B00010000의 NOT은 ~arrow[0] = B11101111이 된다.

반전을 표현하기 위해 다양하고 복잡한 코드로 표현해도 되겠지만, 비트연산자를 이해하면 훨씬 간단하게 코드를 작성할 수 있다. 앞에서 배운 쉬프트연산, 비트연산은 컴퓨터의 계산 방법 중에서 가장 효율적이고 빠른 연산법으로 빠른 속도를 내야하는 코드에서 많이 활용된다.

비트연산에는 NOT('~') 이외에도 OR('|'), XOR('^'), AND('&')가 있지만 여기에서 모든 것을 다룰 수는 없어서 비트연산이라는 것이 있다는 정도만 알아두자. 논리연산에 사용되는 OR('||'), AND('&&')가 비교문(if~else)에서 변수 단위로 비교하는 것이라면 비트연산의 OR('|'), AND('&'), XOR('^')은 비트단위로 사용된다는 점은 기억해 두자.

**[비트연산자 NOT('~') 적용 결과 비교]**

(적용 1) lc.setRow(0, i, arrow[i]>>8-n);

(적용 2) lc.setRow(0, i, ~arrow[i]>>8-n);

좀 더 조건을 추가해 보자.

버튼을 누를 때마다 도트매트릭스가 반전되도록 해보자.

버튼을 사용하기 위해서는 생각보다 알고리즘이 간단하지는 않다. 버튼을 누르면 켜지고(ON), 다시 버튼을 누르면 꺼지는(OFF) 상황을 생각해 보자. 현재 켜진 상태인지 꺼진 상태인지를 알아야 ON을 할 것인지 OFF를 할 것인지 명령을 내릴 수 있다. 현재 상태를 모르면 ON/OFF를 할 수 없다는 뜻이다. 따라서 현재의 상태를 저장해 두어야 한다.

**도트매트릭스 예제 10**

```
#include <MD_MAX72xx.h>
#define HARDWARE_TYPE MD_MAX72XX::PAROLA_HW
MD_MAX72XX lc = MD_MAX72XX(HARDWARE_TYPE, 5, 1);
int arrow[8] = {
  B00010000,
  B00110000,
  B01010000,
  B10011111,
  B10011111,
  B01010000,
  B00110000,
  B00010000
};
int val = 0;
int wait = 0;
bool btn_clk = false;                    //버튼클릭 상태를 false로 설정
bool invert = false;                     //반전 여부를 false로 설정


void setup() {
  lc.begin();
  pinMode(13, INPUT);
  pinMode(34, INPUT_PULLUP);             //버튼을 34핀 연결
}

void loop() {
  for(int n=0; n<8; n++){
    for(int i=0; i<8; i++){
      button_check();                    //버튼을 눌렀는지 체크
      if(invert){                        //반전상태 여부 확인
        lc.setRow(0, i, ~arrow[i]>>8-n);
      }else{
        lc.setRow(0, i, arrow[i]>>8-n);
      }
    }
    delay(arrow_speed());
  }
```

```
for(int n=0; n<8; n++){
    for(int i=0; i<8; i++){
      button_check();
      if(invert){
        lc.setRow(0, i, ~arrow[i]<<n);
      }else{
        lc.setRow(0, i, arrow[i]<<n);
      }
    }
   delay(arrow_speed());
  }
}

int arrow_speed(){
  val = analogRead(13);
  wait = map(val, 0, 4095, 10, 500);
  return wait;
}

void button_check(){
  int btn = digitalRead(34);
  if(btn==0 && !btn_clk){              //버튼을 클릭 후 연속 누름 상태인지 파악
    invert = !invert;                  //버튼을 클릭하면 invert의 반대값으로 변경
    btn_clk = true;                    //연속누름 상태를 알림
  }
  if(btn==1){
    btn_clk = false;                   //연속누름 상태를 해제
  }
}
```

예제에서는 invert라는 변수를 부울(bool, boolean)변수로 설정하여 true와 false로 이를 저장하도록 하였다. invert가 false이면 현재 화살표가 ON상태로 작동함을 나타내며 true이면 배경이 켜지고 화살표는 꺼진 상태로 작동하고 있음을 나타낸다. 따라서 버튼을 누르면 invert를 ~invert 시켜 true<->false를 바꾸도록 하였다.

그런데 여기에서 한 가지 더 해결해야 할 문제가 있다. 그것은 버튼을 누르는 동작을 사람은 1회라고 느끼겠지만, 코드에서는 수십 번을 반복하며 버튼을 읽어 들이고 있다는 것이다. 결과적으로 사람은 1번 누르지만 수십 번 버튼을 누른 것처럼 되어 버린다. 이를 해결하기 위해 예제에서는 버튼을 눌렀을 때 현재 버튼이 눌러져 있는 상태를 변수로 만들어 저장하고 있다. 이 변수가 btn_clk이다. 이 또한 부울변수로 지정하였다.

btn_clk=false인 상태에서 버튼을 누르면 반전 상태의 명령을 수행 후 btn_clk가 true가 되어 다시 반전 상태의 명령을 수행하지 못하도록 한다. 결과적으로 버튼을 계속 누르고 있어도 버튼을 1번 누른 것처럼 된다. 그리고 btn_clk=true 인 상태에서 버튼에서 손가락을 떼면 btn_clk=false가 되어 다시 버튼을 누를 수 있도록 설정된다.

그리고 눈여겨 볼 부분이 하나 더 있다. 예제코드에서 button_check(); 함수를 호출한 부분이 for문 내부에 있다는 것이다. 처음 시작할 때 삽입해도 되고, 마지막에 삽입해도 될 것이다. '1번만 삽입해도 되는 것 아닌가' 하는 의문도 들 것이다. 굳이 for()문 내부에 그것도 2회나 들어간 것은 버튼을 누른 다음 즉각적으로 반응이 일어나게 하기 위한 것이다.

for문 밖에 button_check()를 사용하면 delay(arrow_speed()); 에 의해 1초 후에 버튼 효과가 나타날 수도 있어 버튼에 대한 반응이 즉각적으로 일어나지 않게 된다.

**도트매트릭스 예제 11**

```
#include <MD_MAX72xx.h>
#define HARDWARE_TYPE MD_MAX72XX::PAROLA_HW
MD_MAX72XX lc = MD_MAX72XX(HARDWARE_TYPE, 5, 1);
byte mic = 13;

void setup() {
  pinMode(mic, INPUT);
  lc.begin();
}

void loop() {
  int vol = analogRead(mic);
  int eql = map(vol, 0, 4095, 1, 8);
  Serial.println(eql);
  lc.clear();
  lc.setRow(0, 0, B11111111);
  for(int i=1; i<eql; i++){
    lc.setRow(0, i, B11111111);
  }
  delay(eql*50);
}
```

```
#include <MD_MAX72xx.h>
#define HARDWARE_TYPE MD_MAX72XX::PAROLA_HW
MD_MAX72XX lc = MD_MAX72XX(HARDWARE_TYPE, 5, 1);
byte mic = 13;

void setup() {
  pinMode(mic, INPUT);
  lc.begin();
}

void loop() {
  int vol = analogRead(mic);
  int eql = map(vol, 0, 4095, 1, 8);
  Serial.println(eql);
  lc.clear();
  lc.setRow(0, 0, B11111111);
  for(int i=1; i<eql; i++){
    lc.setRow(0, i, B11111111);
  }
  delay(eql*50);
}
```

```
Leaving...
Hard resetting via RTS pin...
```

아날로그값을 입력받은 소리의 크기를 도트매트릭스에 이퀄라이저처럼 표현해 보았다.

**실행 결과**

다음 예제는 도트매트릭스와 사운드센서를 활용하여 노래하는 이모티콘을 만들어 본 것이다. 노래가 나오는 스피커에 사운드센서를 이용하여 사운드의 크기를 인식하여 도트매트릭스에 노래하는 얼굴을 볼륨에 따라 다르게 표현한 것이다. 결과적으로 얼굴모양의 이모티콘이 노래하는 것처럼 보이게 응용한 코드이다.

**도트매트릭스 예제 12**

```
#include <MD_MAX72xx.h>
#define HARDWARE_TYPE MD_MAX72XX::PAROLA_HW
MD_MAX72XX lc = MD_MAX72XX(HARDWARE_TYPE, 5, 1);
int face[5][8] = {
  {B00000000, B00000000, B01100110, B00000000,
   B00111100, B00000000, B00000000, B00000000},
  {B00000000, B00000000, B01100110, B00000000,
   B00111100, B00011000, B00000000, B00000000},
  {B00000000, B00000000, B01100110, B00000000,
   B00111100, B00111100, B00000000, B00000000},
  {B00000000, B00000000, B01100110, B00000000,
   B00111100, B00100100, B00111100, B00000000},
  {B00000000, B01100110, B01100110, B00000000,
   B01111110, B01000010, B01000010, B01111110}
};
int mic = 13;
int faceNo = 0;

void setup() {
  Serial.begin(115200);
  lc.begin();
  pinMode(mic, INPUT);
}

void loop() {
  int volume = analogRead(mic);
  volume = map(volume, 0, 4095, 0, 100);
  Serial.println(volume);
  if(volume<2){              //사운드센서 볼륨이 거의 없을 때
    faceNo = 0;
  }else if(volume<10){       //사운드센서 볼륨이 약하게 들어올 때
    faceNo = 1;
}else if(volume<20){         //사운드센서 볼륨이 중간 정도 들어올 때
    faceNo = 2;
  }else if(volume<75){       //사운드센서 볼륨이 다소 높을 때
    faceNo = 3;
```

```
 }else{                          //사운드센서 볼륨이 가장 높을 때
    faceNo = 4;
  }
for(int i=0; i<8; i++){
      lc.setRow(0, i, face[faceNo][i]);
  }
  delay(100);
}
```

| 실행 결과 | |
|---|---|
|  |  |
| 사운드센서 볼륨이 거의 없을 때 | 사운드센서 볼륨이 약하게 들어올 때 |
|  |  |
| 사운드센서 볼륨이 다소 높을 때 | 사운드센서 볼륨이 다소 높을 때 |

도트매트릭스는 입력센서 값을 시각화할 수 있는 훌륭한 표현 도구가 될 수 있다. 위에서 실습한 센서 외에도 직접 구현해보는 시간을 가져보길 바란다.

# 16 LCD I2C

## ESP32의 LCD I2C 디스플레이 사용법을 익혀보자.

|  |  |
|---|---|
| LCD | GND–GND/VCC–5V/SCL–D22/SDA–D21 |

LCD 1602 디스플레이는 여러 개의 핀으로 연결하는 기본 형태와 4개의 핀만 연결해도 되는 I2C 인터페이스 2가지가 있다. 이 2가지는 연결하는 핀의 개수 차이만 있을 뿐 동일한 모듈이다. 여기에선 좀 더 회로구성이 평이한 LCD I2C를 사용할 것이며 라이브러리를 활용해 보겠다. 라이브러리 관리에서 'LiquidCrystal I2C'를 검색하면 아래의 라이브러리가 보일 것이다. 이를 다운받아 사용해 보자.

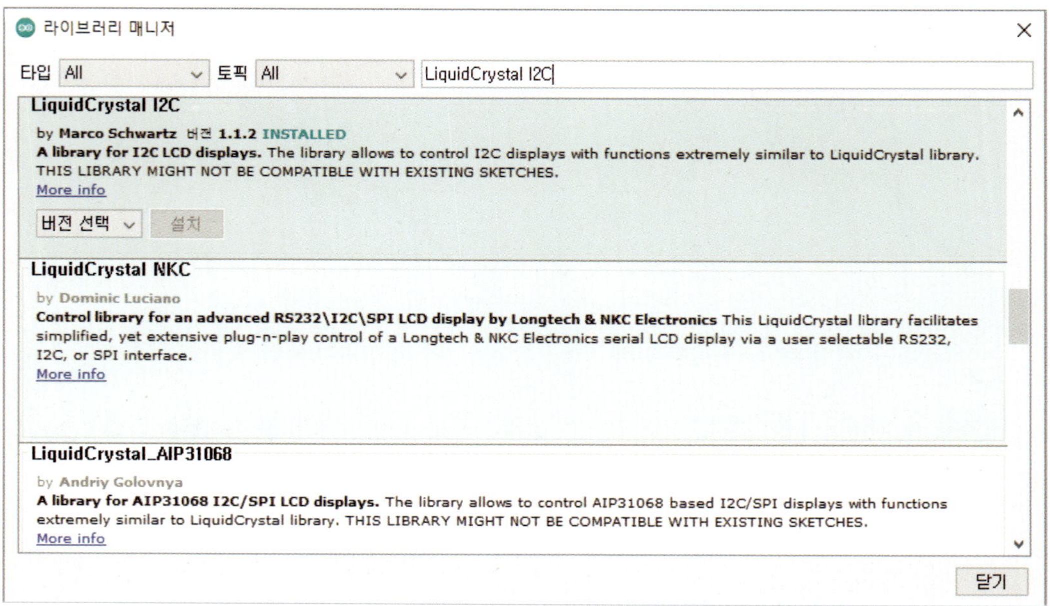

I2C 인터페이스에 있는 4개의 핀을 GND-GND/VCC-5V/SCL-D22/SDA-D21에 각각 연결한다. 이때 LCD 출력에 3.3V 전압이 약할 수 있으므로 위의 사진처럼 VCC는 5V에 연결한다.

'LiquidCrystal I2C' 라이브러리는 아두이노 전용 라이브러리 이지만 ESP32에서도 사용 가능한 라이브러리이다.

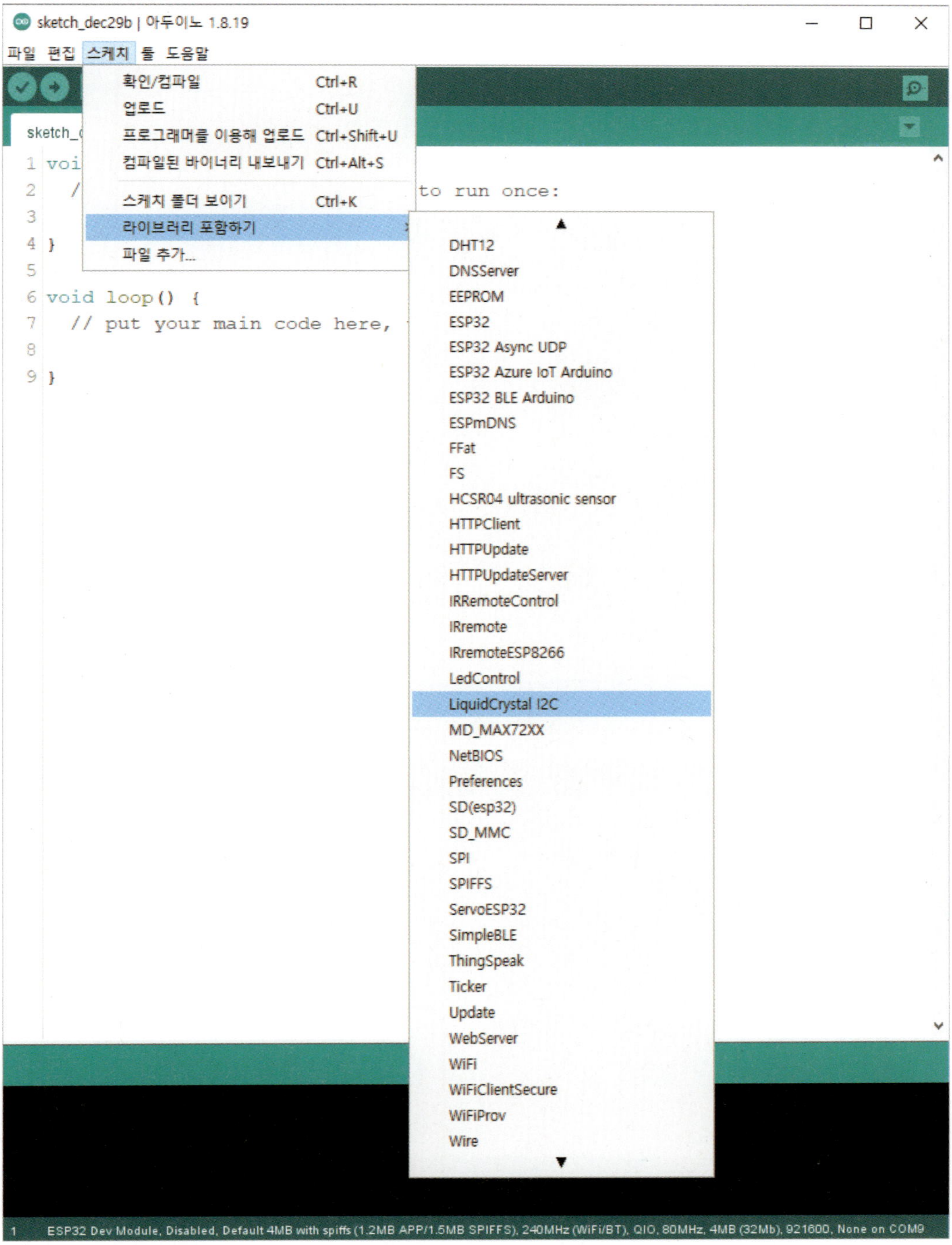

우선, 위와 같이 라이브러리 포함하기에서 'LiquidCrystal I2C'를 포함시킨다.

**LCD 예제 1**

```
#include <LiquidCrystal_I2C.h>

int lcdColumns = 16;                //lcd 열의 개수 설정
int lcdRows = 2;                    //lcd 행의 개수 설정

LiquidCrystal_I2C lcd(0x27,16,2);  //lcd 표시 주소, 열 및 행 수 설정

void setup() {
  lcd.init();                       //lcd 초기화
  lcd.backlight();                  //lcd 백라이트 켜기
}

void loop() {
  lcd.setCursor(0,0);               //메시지를 쓸 위치에 커서 설정 (첫 번째 열, 첫 번째 행)
  lcd.print("ESP32 World!");        //메시지 출력
  delay(1000);                      //1초 기다리기
  lcd.clear();                      //메시지 지우기
  lcd.setCursor(0,1);               //메시지를 쓸 위치에 커서 설정 (두 번째 열, 첫 번째 행)
  lcd.print("ESP32 World!");
  delay(1000);
  lcd.clear();
}
```

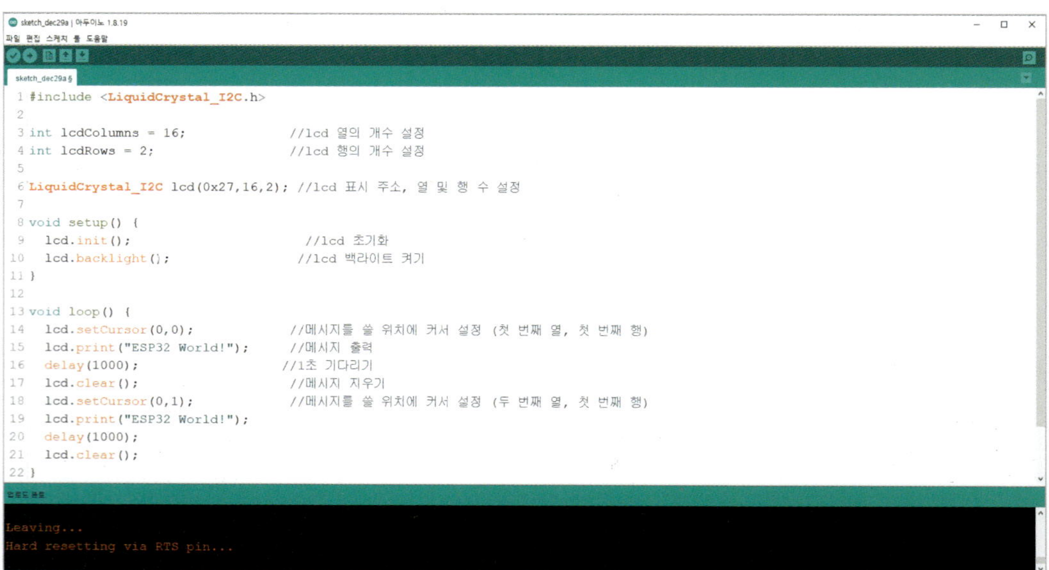

**실행 결과**

위 두 장면이 1초마다 번갈아가며 나타난다면 제대로 코딩이 된 것이다.

업로드가 완료되고 LCD 화면에 빛은 들어오는데 글자가 보이지 않는다면 LCD에 설정된 저항값을 조절해 준다.

드라이버로 LCD 뒷면의 저항값을 조절한다. 저항을 시계방향으로 돌리면 저항 값이 낮아져 밝아지고, 반시계방향으로 돌리면 저항값이 높아져 어두워진다.

드라이버를 돌려가며 LCD에 네모가 출력되는 것을 확인했다면, 보드에 연결된 전원 케이블을 뺐다가 다시 꽂아준다. 만약 전원을 뺐다 꽂았을 때 네모만 출력된다면 저항값이 너무 낮아 과하게 밝은 상태이므로 전원을 연결한 채 드라이버를 돌려 글자가 잘 보이도록 조정한다. 설명대로 진행했는데 글자가 출력되지 않고 네모만 보인다면 'LCD모듈의 주솟값'이 잘못 설정되어 있을 수도 있다.

```
LiquidCrystal_I2C lcd(주솟값, 16, 2);
```

위 코드에서 주솟값이 올바르게 기재되어 있는지 확인해보도록 하자.

실제 상황에서 LCD는 유용한 디스플레이 기능을 하고 있다. 우리 주변 환경에 관한 정보를 안내하는 기능을 구현해보도록 하자. 실제 온습도 데이터를 LCD1602(I2C) 모듈을 통해 출력해 보겠다.

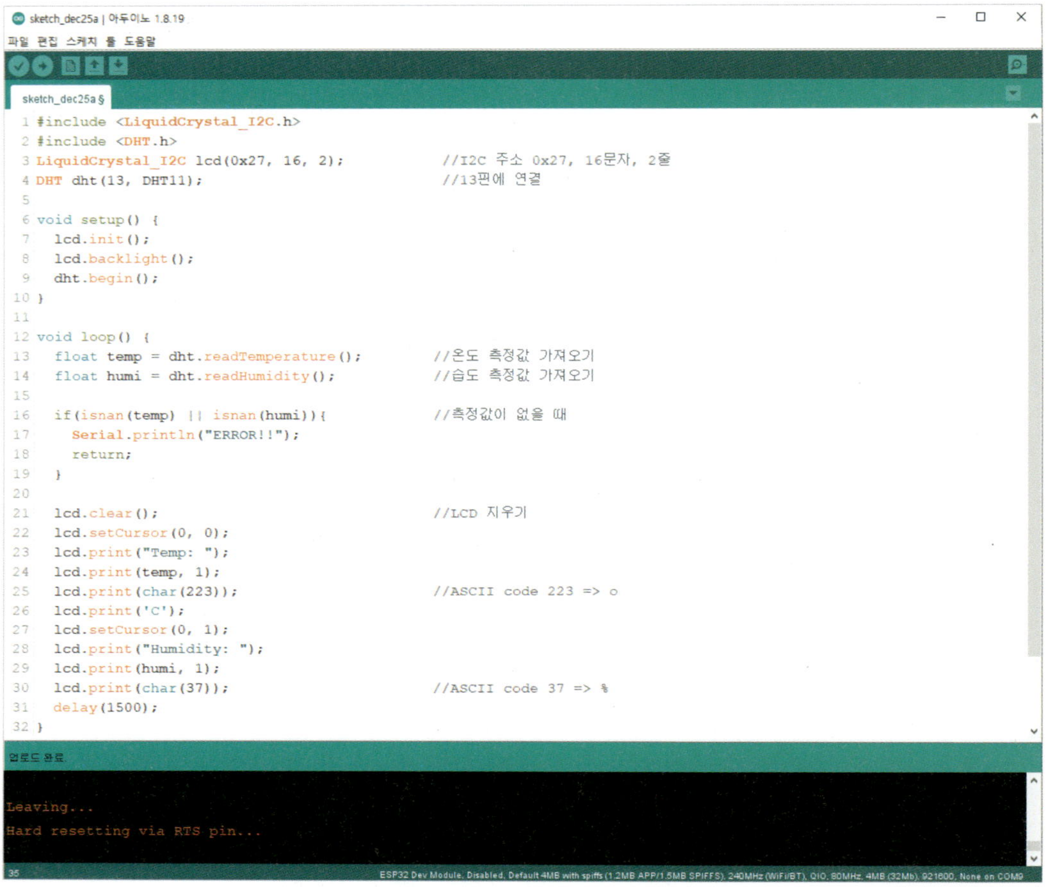


### LCD 예제 2

```
#include <LiquidCrystal_I2C.h>
#include <DHT.h>
LiquidCrystal_I2C lcd(0x27, 16, 2);        //I2C 주소 0x27, 16문자, 2줄
DHT dht(13, DHT11);                        //13핀에 연결

void setup() {
  lcd.init();
  lcd.backlight();
  dht.begin();
}
```

```
void loop() {
  float temp = dht.readTemperature();        //온도 측정값 가져오기
  float humi = dht.readHumidity();           //습도 측정값 가져오기

  if(isnan(temp) || isnan(humi)){            //측정값이 없을 때
    Serial.println("ERROR!!");
    return;
  }

  lcd.clear();                               //LCD 지우기
  lcd.setCursor(0, 0);
  lcd.print("Temp: ");
  lcd.print(temp, 1);
  lcd.print(char(223));                      //ASCII code 223 => o
  lcd.print('C');
  lcd.setCursor(0, 1);
  lcd.print("Humidity: ");
  lcd.print(humi, 1);
  lcd.print(char(37));                       //ASCII code 37 => %
  delay(1500);
}
```

센서를 입으로 불었을 때 온도 변화도 발생하지만, 습도 변화가 심해진 것을 확인 할 수 있다. 또한 ASCII CODE를 이용하여 '℃' 와 '%'를 표현하였다.

**실행 결과**

# 17 Relay

## ESP32의 릴레이 사용법을 익혀보자.

Relay

릴레이는 전류를 흐르게 하거나 차단시키는 구조를 지닌 부품이다. 유사한 기능을 가진 부품들이 많지만 트랜지스터처럼 저전력으로 빠르게 전류가 흐르거나 차단시키는 부품들이다. 그러나 릴레이는 가정에서 사용하는 일반적인 고전압 제품을 켜거나 끌 수 있도록 해주는 부품이다.

예를 들어서 가정의 선풍기는 220V를 사용한다. 이러한 가전제품을 켜거나 끌 수 있도록 해주는 부품이 릴레이다. 즉, 릴레이는 스위치와 비슷한 역할을 한다는 것이다. 다만 릴레이를 작동시키는 것은 3.3V와 같은 저전압에서도 동작시킬 수 있으므로 ESP32와 같은 보드로 선풍기를 직접 제어하거나 블루투스, WiFi 등으로 원격에서 제어할 수 있다는 것이다. 예를 들기 위해 릴레이를 다음과 같이 연결하였다.

3W LED모듈을 가정의 220V 전등이라 생각하고 연결한 것이다. 실제 220V 전등을 사용하여도 되지만, 이 글을 보는 분들이 220V를 직접 다루기는 매우 위험하므로 3W LED로 대신하고자 한다.

3W LED의 GND는 ESP32의 GND와 연결하고 LED의 +는 ESP32의 5V를 연결한다. 가정의 전등은 이렇게 +, -만 연결해도 켜지겠지만, 3W LED는 Signal에 +극을 연결해 주어야 켜지므로 S핀을 5V에 마저 연결해 준다. 위와 같이 하면 LED는 켜진 상태를 유지한다. 그러나 이 상태에서는 ON/OFF를 할 수는 없다.

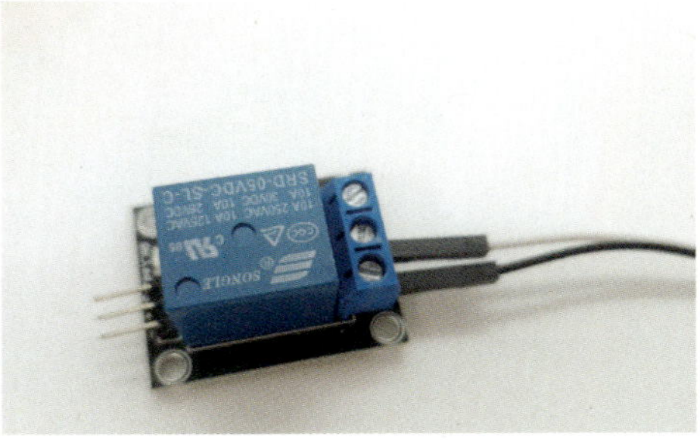

이제 릴레이를 사용하여 ON/OFF를 해보도록 하자. LED의 S핀에 연결된 선을 잘라서 잘린 부분을 릴레이에 연결한다.(점퍼케이블 암-수 타입 2개를 사용하면 편하다.) 1개의 선은 LED +극 – 릴레이와 연결하고 다른 숫자 1은 릴레이 – ESP32 5V로 연결한다는 뜻이다. 릴레이에는 2개의 전선이 연결된다.

이제 릴레이를 제어할 수 있는 핀을 연결해 보자. 릴레이의 S, +, -핀을 ESP32의 13핀, VCC, GND에 연결한다.

**릴레이 예제**

```
int relay = 13;

void setup() {
  pinMode(relay, OUTPUT);
}

void loop() {
  digitalWrite(relay, HIGH);
  delay(500);
  digitalWrite(relay, LOW);
  delay(2000);
}
```

sketch_dec25a | 아두이노 1.8.19

파일 편집 스케치 툴 도움말

sketch_dec25a §

```
int relay = 13;

void setup() {
  pinMode(relay, OUTPUT);
}

void loop() {
  digitalWrite(relay, HIGH);
  delay(500);
  digitalWrite(relay, LOW);
  delay(2000);
}
```

업로드 완료.

```
Leaving...
Hard resetting via RTS pin...
```

18 - 1 ESP32 Dev Module, Disabled, Default 4MB with spiffs (1.2MB APP/1.5MB SPIFFS), 240MHz (WiFi/BT), QIO, 80MHz, 4MB (32Mb), 921600, None on COM9

이렇게 코드를 작성하면 릴레이에 3.3V HIGH가 0.5초 흐르며 릴레이가 작동한다. 릴레이가 작동하면 서로 떨어져 있는 LED 2개의 전선을 릴레이가 서로 연결시켜 준다. 결과적으로 5V가 흐르며 LED가 켜진다. 0.5초 후 LOW 신호에 의해 릴레이는 2개의 선은 서로 떨어지므로 LED가 꺼진다. 다시 2초 후에 LED는 켜지는 것을 반복한다.

**릴레이 예제**

사진에서처럼 릴레이의 아래쪽 핀과 가운데 핀에 전등을 연결한 경우 HIGH 신호에 의해 전등이 켜지지만, 위쪽과 가운데 핀을 연결한 경우에는 항상 켜져 있다가 HIGH신호에 의해 전등이 꺼지게 하는 방법으로 사용할 수도 있다.

# 18 IR

## ESP32의 적외선수신센서 사용법을 익혀보자.

적외선수신

우리가 흔히 사용하는 TV는 보통 리모컨을 사용하는데 이러한 리모컨 신호는 적외선을 이용한다. 적외선은 적외선을 방사하는 전력에 따라 신호의 세기가 달라지므로 이에 맞춰 수신 거리가 정해지지만, 통상 10m 내외이며 빛을 이용하므로 수신 센서를 향해 방향을 유지해야 한다.(실내에서 사용하는 경우 방향과 상관없이 사용하는 경우가 많지만, 이는 신호가 벽 등에 반사되기 때문이므로 개방된 공간에서는 방향을 유지해야 정상적인 신호를 보내거나 받을 수 있다는 점에 유의하자.) 또한 하나의 신호를 여러 센서에서 동시에 수신되므로 1:N의 제어도 가능하다. 다음의 코드를 실습하기 위해서 주변에서 흔히 볼 수 있는 TV, 에어컨, 게임기 등의 리모컨 중에서 하나를 준비하자. 어떤 리모컨도 상관없다.

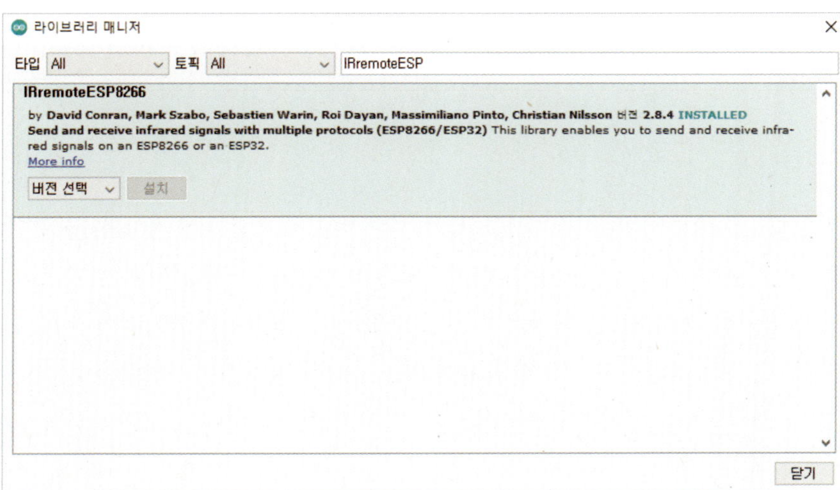

ESP32에서 사용하는 적외선 리모컨 관련 라이브러리가 별도로 있으므로 설치한다. 라이브러리는 IRremoteESP8266 이다. 이 라이브러리는 ESP8266, ESP32가 공통으로 사용가능한 라이브러리이다. 다음의 예제는 14번 핀에 적외선 수신센서를 연결하였을 경우의 예제이다.

**적외선 수신센서 예제 1**

```
#include <Arduino.h>
#include <IRremoteESP8266.h>
#include <IRrecv.h>
#include <IRutils.h>

IRrecv irrecv(14);
decode_results results;

void setup() {
  Serial.begin(115200);
  irrecv.enableIRIn();
  while (!Serial){
    delay(50);
  }
  Serial.println();
}

void loop() {
  if (irrecv.decode(&results)) {
    serialPrintUint64(results.value, HEX);
    Serial.println("");
    irrecv.resume();
  }
  delay(100);
}
```

이와 같이 코드를 작성한 후 시리얼 모니터를 열어두고 리모컨을 눌러보자. 시리얼 모니터에 "A06FE77E" 과 같은 신호가 수신되면 정상적으로 리모컨 신호가 수신되는 것이다. 리모컨에서 방사된 적외선 신호는 1000111... 과 같은 디지털 신호이다. 다만 버튼의 신호가 너무 길기 때문에 16진수(HEX)로 표기한 것뿐이다. 'HEX'를 'BIN'으로 하게 되면 2진수로 보여준다. 10진수로 보기를 원한다면 생략하거나 'DEC'로 바꾸면 된다.

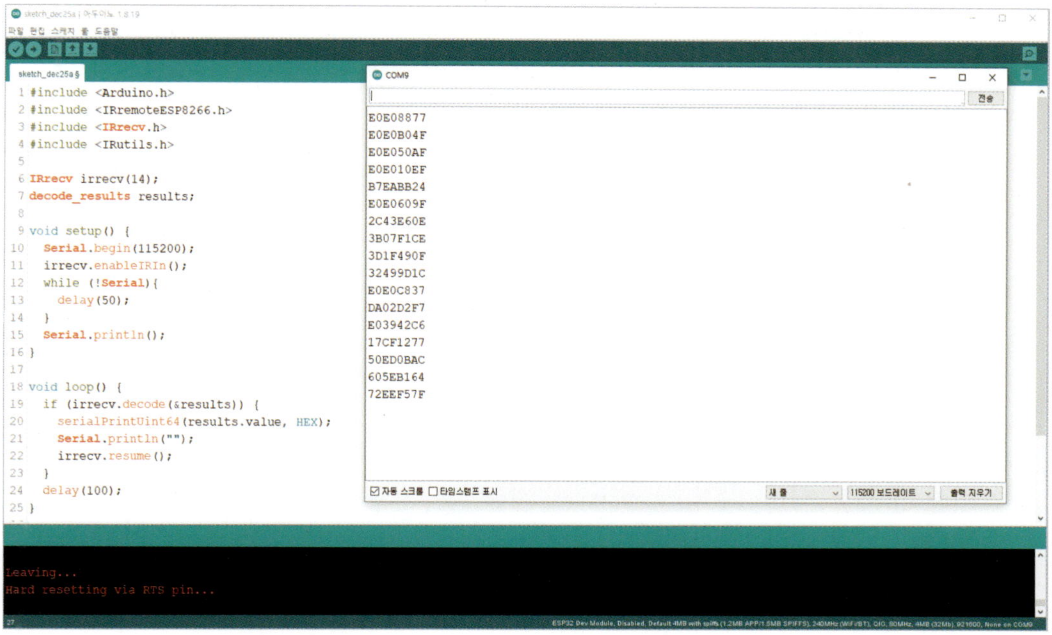


같은 코드로 10진수로 출력한 예시는 다음과 같다.

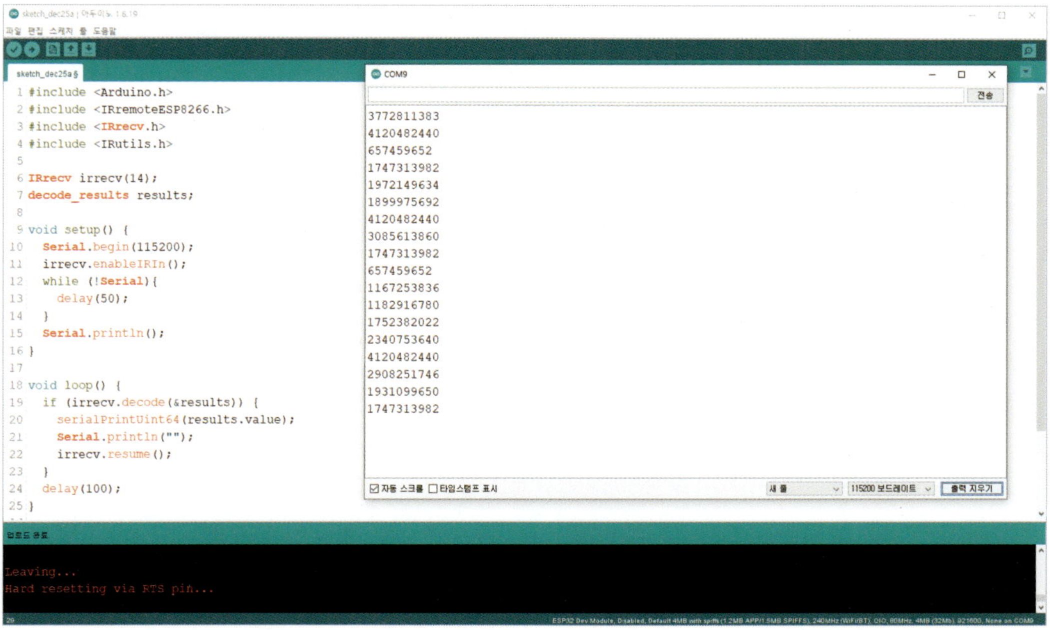

**적외선 수신센서 예제 2**

```
#include <Arduino.h>
#include <IRremoteESP8266.h>
#include <IRrecv.h>
#include <IRutils.h>

IRrecv irrecv(14);
decode_results results;
bool onOff = true;

void setup() {
  Serial.begin(115200);
  pinMode(2, OUTPUT);
  irrecv.enableIRIn();
  while (!Serial)
    delay(50);
  Serial.println();
}

void loop() {
  if (irrecv.decode(&results)) {
    unsigned long code = results.value;
    Serial.println(code, HEX);
    if(code==0xE0E050AF){
      digitalWrite(2, onOff= !onOff);
    }
    irrecv.resume();
  }
  delay(100);
}
```

위 코드에서는 16진수로 "E0E050AF"라는 신호가 들어오면 2번 핀에 연결된 LED를 켜거나 끄는 코드이다. "FFFFFFFF"가 들어오는 경우에는 한 번 누른 리모컨 버튼을 계속 누르고 있는 상태를 의미 하므로 무시한다.(제조사별 리모컨마다 신호가 다르므로 테스트 결과를 보고 코드를 작성하자.)

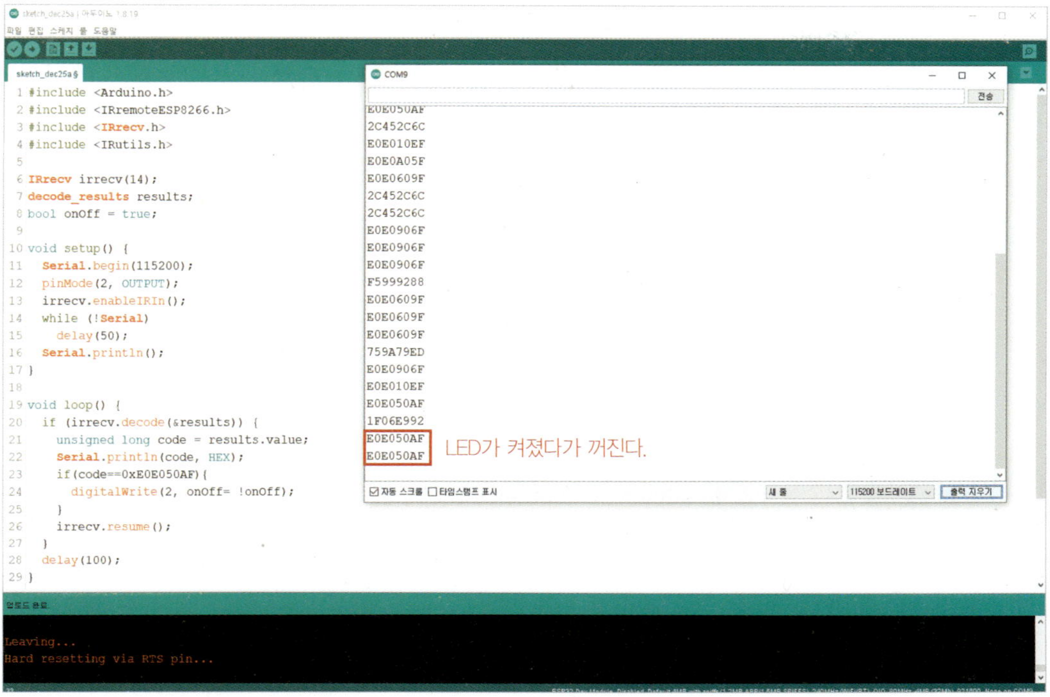

COM9
전송
```
#include <Arduino.h>
#include <IRremoteESP8266.h>
#include <IRrecv.h>
#include <IRutils.h>

IRrecv irrecv(14);
decode_results results;
bool onOff = true;

void setup() {
  Serial.begin(115200);
  pinMode(2, OUTPUT);
  irrecv.enableIRIn();
  while (!Serial)
    delay(50);
  Serial.println();
}

void loop() {
  if (irrecv.decode(&results)) {
    unsigned long code = results.value;
    Serial.println(code, HEX);
    if(code==0xE0E050AF){
      digitalWrite(2, onOff= !onOff);
    }
    irrecv.resume();
  }
  delay(100);
}
```
```
E0E050AF
2C452C6C
E0E010EF
E0E0A05F
E0E0609F
2C452C6C
2C452C6C
E0E0906F
E0E0906F
E0E0906F
F5999288
E0E0609F
E0E0609F
E0E0609F
759A79ED
E0E0906F
E0E010EF
E0E050AF
1F06E992
E0E050AF
E0E050AF
```
LED가 켜졌다가 꺼진다.
자동 스크롤
타임스탬프 표시
115200 보드레이트
출력 지우기
Leaving...
Hard resetting via RTS pin...


## 활동 결과

# 19 Bluetooth

## ESP32의 블루투스 사용법을 익혀보자.

Bluetooth 내장보드

아두이노와 다르게 ESP32에는 블루투스가 내장되어 있어 스마트폰 또는 노트북과 같이 근거리 무선통신을 편리하게 다룰 수 있다는 장점이 있다. 이때 블루투스 기기 간에는 상호 페어링이 되어 있어야 한다. 예제를 활용하여 블루투스 사용법을 익혀보자.

* 페어링: 두 개의 블루투스 장치를 무선 연결하기 위해 원하는 기기의 식별정보를 송신하고 등록하는 것을 말함

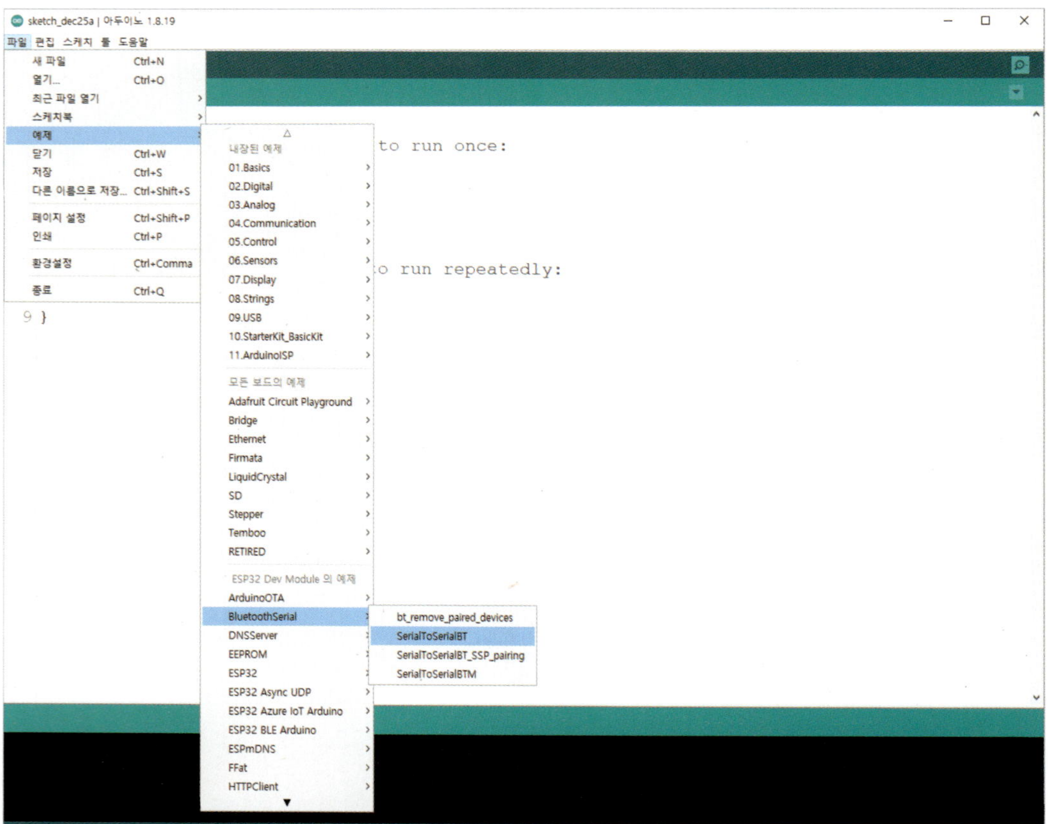

여기에선 스마트폰과 블루투스 통신하는 것을 살펴보겠다.

일반적으로 아두이노, ESP32와 스마트폰과 통신은 SPP(Serial Port Profile)방식을 이용한다. 무선으로 상호간에 시리얼통신을 하는 방식이다. 이외에도 BLE(Bluetooth Low Energy)를 활용한 방식도 있다. 여기에서는 SPP만 다루고자 한다. 다음 코드를 업로드한다.

**블루투스 시리얼 통신 예제 1**

```
#include "BluetoothSerial.h"
BluetoothSerial BT;

void setup() {
  Serial.begin(115200);
  BT.begin("ESP32_jw");
}

void loop() {
  if (Serial.available()) {
    BT.write(Serial.read());
  }
  if (BT.available()) {
    Serial.write(BT.read());
  }
  delay(20);
}
```

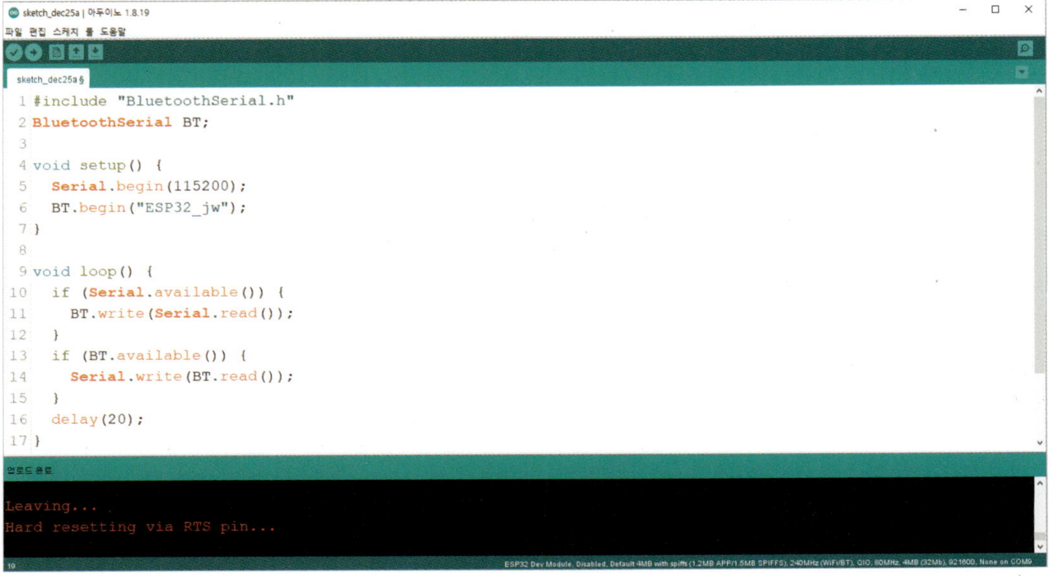

다음으로 스마트폰의 블루투스를 켜고 연결이 가능한 기기 중에서 해당 블루투스 "ESP32_jw"를 선택하여 페어링한다. 페어링은 1회만 하면 이후부터는 자동으로 페어링이 된다.

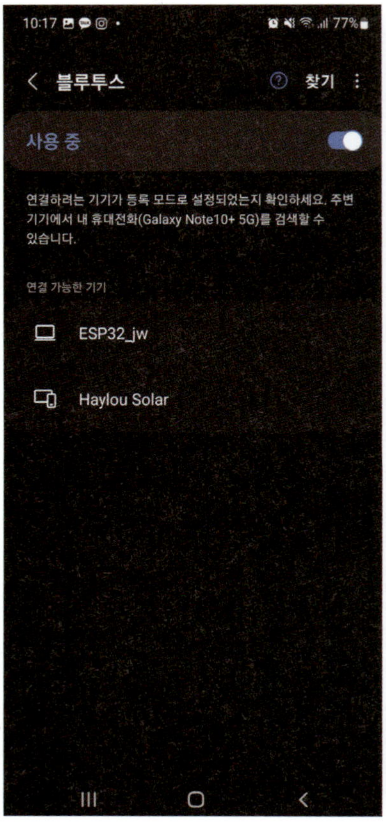

ESP32는 블루투스가 기본 내장되어 있어서 "BluetoothSerial.h" 라이브러리도 기본적으로 설치가 되어 있다. 또한 아두이노처럼 블루투스를 특정 핀에 연결하지 않고 사용할 수 있는 핀이 지정되어 있어서 rx, tx핀을 지정하는 코드가 없으며, 통신속도(Baud)도 정해져 있어 별도의 지정은 하지 않는다.

아두이노와 또 하나의 차이는 BT.begin("블루투스이름")과 같은 방식으로 블루투스의 명칭을 코드에서 직접 지정해 준다. 아두이노에서는 AT+name과 같은 AT명령으로 이름을 변경한 후에 코드를 업로드를 하지만 ESP32에서는 실행 코드에서 이름을 지정하게 되어 있다는 차이가 있다. 즉, 스마트폰에서 블루투스기기를 검색하면 위의 "ESP32_jw"라는 이름으로 스마트폰에 나타난다.

ESP32와 스마트폰 통신을 위해서 Serial Bluetooth Terminal을 스마트폰에 설치한다.

유사한 어플 중 어떤 프로그램을 사용하여도 상관없다. 사용법도 거의 유사하다. 여기에서는 Serial Bluetooth Terminal을 예시로 사용하겠다.

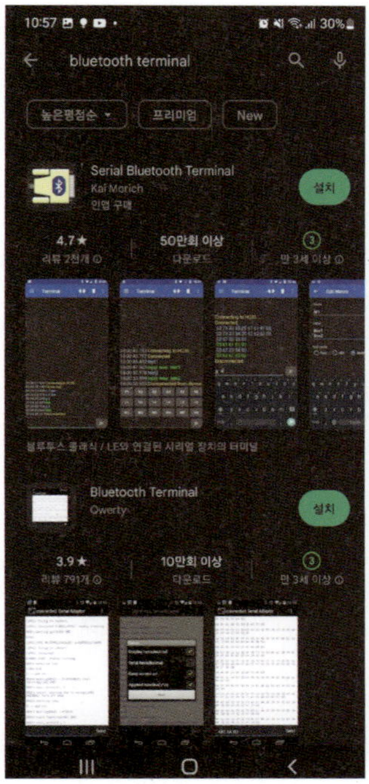

블루투스터미널 프로그램을 설치한 다음 실행시킨다. 다음 그림처럼 디스플레이 좌측의 메뉴를 선택해서 Devices를 선택하여 페어링된 "ESP32_jw"를 선택하여 연결(connect)한다. 연결 과정이 끝나면 화면에 connected라는 메시지가 나타난다. 연결과정이 끝나면 실제로 데이터를 송수신할 수 있다.

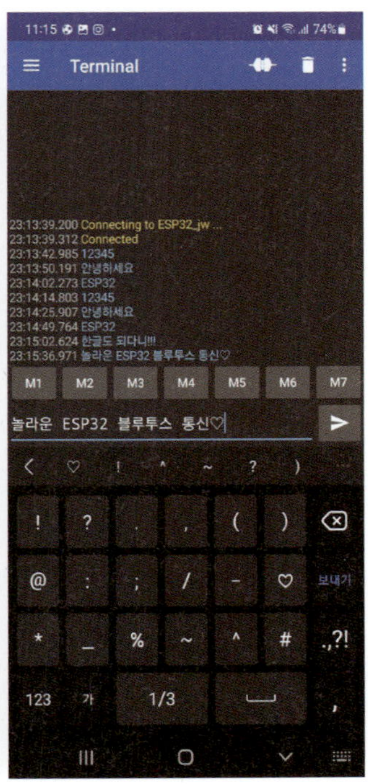

스마트폰 블루투스터미널 프로그램에서 문자를 전송하면 다음과 같이 문자가 전송된다. 아두이노는 8비트 체계라 한글(16비트) 인식문제로 한글은 깨져서 나타나지만, ESP32에서는 한글도 문제없이 전송이 가능하다.(사용하는 터미널 프로그램이 한글을 표현하지 못할 수도 있다.)

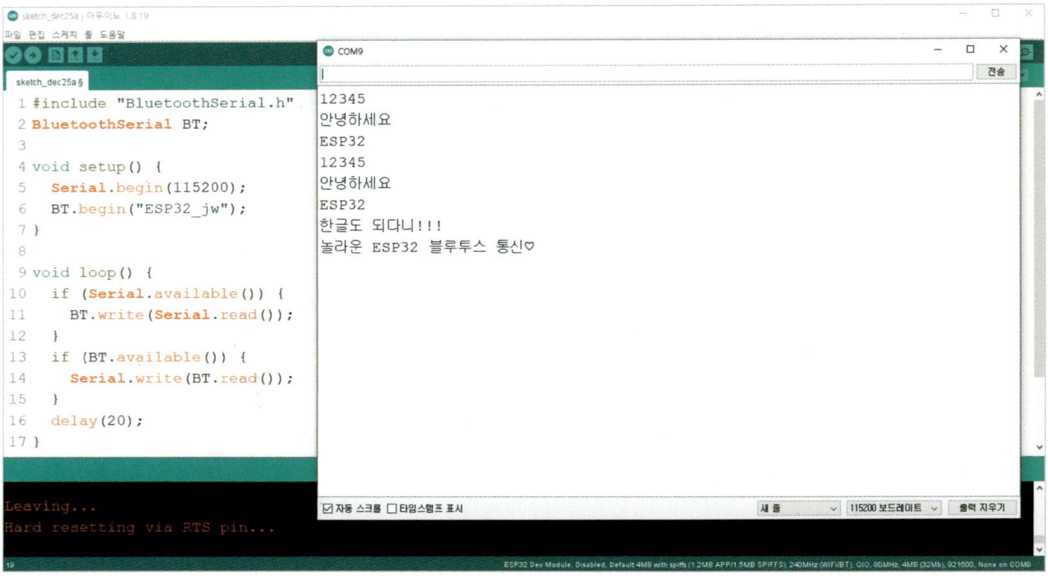


### 블루투스 시리얼 통신 예제 2

```
#include "BluetoothSerial.h"
BluetoothSerial BT;
bool onOff = false;

void setup() {
  pinMode(2, OUTPUT);
  BT.begin("ESP32_jw");
}

void loop() {
  if (BT.available()) {
    char c = BT.read();
    if(c == 'A'){
      digitalWrite(2, onOff = !onOff);
    }
  }
  delay(20);
}
```

다음은 스마트폰을 이용하여 ESP32로 LED를 ON/OFF 하는 코드이다.

ESP32와 스마트폰 블루투스시리얼 프로그램 연결(connect)한 후 스마트폰에서 'A'라는 문자를 전송하면 ESP32 2핀에 연결된 LED를 ON/OFF할 수 있다. 앱인벤터와 같은 툴을 이용하여 스마트폰 어플을 직접 만들어서 ESP32를 제어할 수 있다면 시도해 보자.

신호등 LED R은 GPIO13, Y는 GPIO12, G는 GPIO14에 연결한 후 각각의 색을 블루투스로 컨트롤하는 코드를 짜보자.

```
#include "BluetoothSerial.h"
BluetoothSerial BT;
bool onOff = false;

void setup() {
  pinMode(13, OUTPUT);
  pinMode(12, OUTPUT);
  pinMode(14, OUTPUT);
  BT.begin("ESP32_jw");
}

void loop() {
  if (BT.available()) {
    char c = BT.read();
    if(c == 'A'){
      digitalWrite(13, onOff = !onOff);
    }
    if(c == 'B'){
      digitalWrite(12, onOff = !onOff);
    }
    if(c == 'C'){
      digitalWrite(14, onOff = !onOff);
    }
  }
  delay(20);
}
```

```
Leaving...
Hard resetting via RTS pin...
```

**블루투스 시리얼 통신 예제 3**

```
#include "BluetoothSerial.h"
BluetoothSerial BT;
bool onOff = false;

void setup() {
  pinMode(13, OUTPUT);
  pinMode(12, OUTPUT);
  pinMode(14, OUTPUT);
  BT.begin("ESP32_jw");
}

void loop() {
  if (BT.available()) {
    char c = BT.read();
    if(c == 'A'){
      digitalWrite(13, onOff = !onOff);
    }
    if(c == 'B'){
      digitalWrite(12, onOff = !onOff);
    }
    if(c == 'C'){
      digitalWrite(14, onOff = !onOff);
    }
  }
  delay(20);
}
```

**실행결과**

# 20 WiFi

## ESP32와 WiFi 사용법을 익혀보자.

ESP32에는 WiFi를 이용할 수 있는 모듈이 탑재되어 있다. 따라서 해당 모듈을 사용해서 무선 인터넷을 사용하여 데이터를 송수신해 보도록 하자. 다음의 코드는 주변의 WiFi AP를 찾는 코드이다. WiFi.mode()는 ESP32의 와이파이 모드를 설정하는데, WIFI_STA, WIFI_AP 모드가 있다. 보통 WIFI_STA(station mode, stand-alone mode)가 사용되며, WIFI_AP는 ESP32옵션을 변경하는데 사용한다.

**WiFi 통신 예제 1**

```
#include "WiFi.h"

void setup(){
  Serial.begin(115200);
  WiFi.mode(WIFI_STA);
  WiFi.disconnect();
  delay(100);
}

void loop(){
  int n = WiFi.scanNetworks();
  if (n == 0) {
    Serial.println("WiFi AP가 없음");
  } else {
    Serial.print(n);
    Serial.println("개의 WiFi AP를 찾음");
    for (int i = 0; i < n; ++i) {
      Serial.print(i + 1);
      Serial.print(": ");
      Serial.println(WiFi.SSID(i));
      delay(10);
    }
  }
  Serial.println("");
  delay(5000);
}
```

위의 코드를 업로드하고 실행하면 시리얼모니터를 통해 다음과 같이 주변의 WiFi AP를 스캔하여 알려준다.

WiFi.scanNetworks()는 주변의 WiFi AP의 수를 알려주는 함수이다.

ESP32는 가동되면 앞서 연결되었던 WiFi AP를 우선적으로 찾아 연결하는데, 혹시 의도치 않은 연결이 있을 경우를 대비하여 WiFi.disconnect()를 하여 사전에 연결된 것을 해제한다.

WiFi.SSID(i)은 i번째의 AP의 이름을 알려주는 함수이다. 여기에서는 5초마다 주변을 스캔하여 결과를 알려주고 있다.

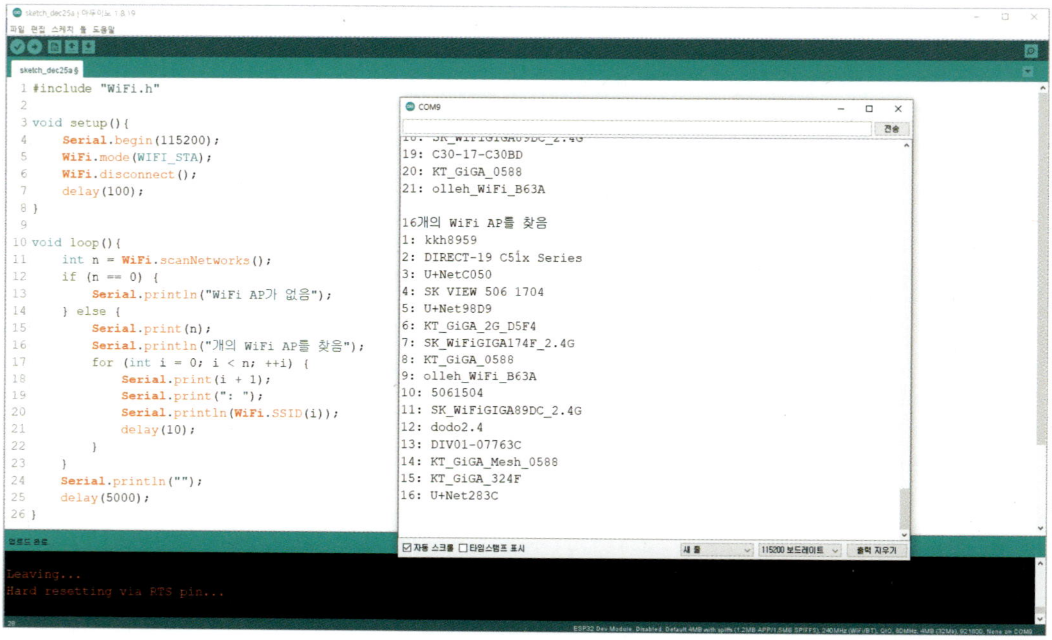


위 그림처럼 주변에서 16개의 AP를 찾았다. 그 중에서 1번에 해당하는 kkh8959로 실제 인터넷에 연결하기 위한 과정은 다음과 같다.

ssid = “kkh8959”;

password = “jw_wifi”;

여기에서는 패스워드가 “jw_wifi”인 “kkh8959” wifi에 접속하는 것을 예로 보여준다.

WiFi 통신 예제 2

```
#include <WiFi.h>
#include <WiFiClient.h>
#include <WebServer.h>
#include <ESPmDNS.h>
const char* ssid = "kkh8959";
const char* password = "jw_wifi";
WebServer server(80);

void conn() {
  server.send(200, "text/plain", "Welcome HASSAM Board ESP32 World!");
}

void setup(void) {
  Serial.begin(115200);
  WiFi.mode(WIFI_STA);
  WiFi.begin(ssid, password);
  while (WiFi.status() != WL_CONNECTED) {
    delay(500);
    Serial.print(".");
  }
  Serial.print("IP address: ");
  Serial.println(WiFi.localIP());
  if (MDNS.begin("esp32")) {
    Serial.println("MDNS responder started");
  }
  server.on("/", conn);
  server.begin();
}

void loop(void) {
  server.handleClient();
  delay(2);
}
```

위의 예제에서 WiFi.localIP()를 출력하는 부분이 있다. 이것은 현재 코드를 업로드한 ESP32에게 부여된 IP이다. 이 IP는 네트워크 사설망에 의해 부여된 것이므로 공인 IP가 아니다. 따라서 같은 네트워크에 있는 PC 또는 노트북에서 크롬 등의 웹브라우저에서 해당 주소를 입력하면 웹브라우저가 ESP32에 접속하는데 여기에서는 다음과 같은 결과를 보여준다.

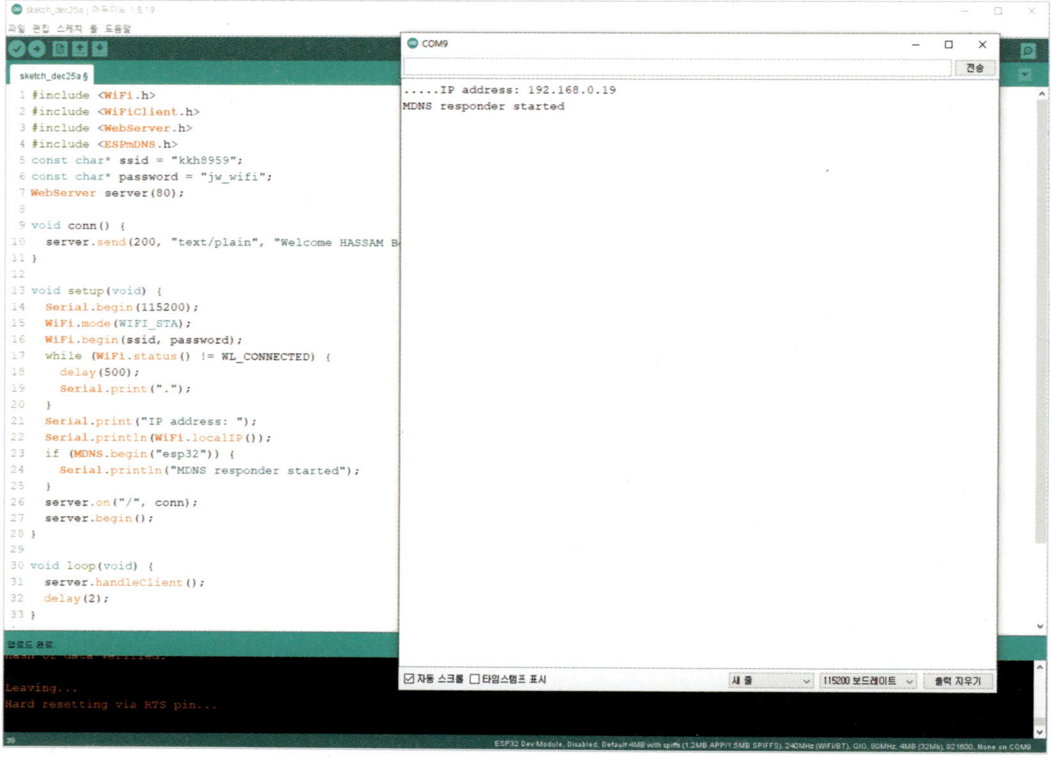


부여된 ESP32의 IP를 웹 주소창에 넣은 후에 실행시켜 보면 아래와 같은 결과를 볼 수 있다. "Welcome HASSAM Board ESP32 World!" 메시지를 웹브라우저에서도 확인할 수 있다.

위처럼 http://192.168.0.19/ 과 같이 웹브라우저에 입력하면 ESP32가 호스팅한 메시지가 나타날 것이다.(IP는 각자마다 다르게 나타나므로 확인 바란다.)

다음은 ESP32 2핀에 연결된 LED를 웹브라우저를 통해서 ON/OFF하는 예제이다. HTML 코드가 약간 추가되어 있다. 보다 다양한 예제를 작성하기 위해서는 HTML 코드에 대한 공부가 필요하다.

**WiFi 통신 예제 3**

```
#include <WiFi.h>
const char* ssid     = "kkh8959";
const char* password = "jw_wifi";
WiFiServer server(80);
int value = 0;

void setup(){
    Serial.begin(115200);
    pinMode(2, OUTPUT);
    delay(10);
    WiFi.begin(ssid, password);
    while (WiFi.status() != WL_CONNECTED) {
        delay(500);
        Serial.print(".");
    }
    Serial.println("IP address: ");
    Serial.println(WiFi.localIP());
    server.begin();
}

void loop(){
  WiFiClient client = server.available();
  if (client) {
    Serial.println("New Client.");
    String currentLine = "";
    while (client.connected()) {
      if (client.available()) {
        char c = client.read();
```

```
        Serial.write(c);
        if (c == '₩n') {
          if (currentLine.length() == 0) {
            client.println("HTTP/1.1 200 OK");
            client.println("Content-type:text/html");
            client.println();
            client.print("Click <a href=₩"/H₩">LED ON</a><br>");
            client.print("Click <a href=₩"/L₩">LED OFF</a><br>");
            client.println();
            break;
          } else {
            currentLine = "";
          }
        } else if (c != '₩r') {
          currentLine += c;
        }
        if (currentLine.endsWith("GET /H")) {
          digitalWrite(2, HIGH);
        }
        if (currentLine.endsWith("GET /L")) {
          digitalWrite(2, LOW);
        }}}
      client.stop();
  }
}
```

ESP32 2핀에 연결된 LED를 웹브라우저를 통해서 ON/OFF 해보자.

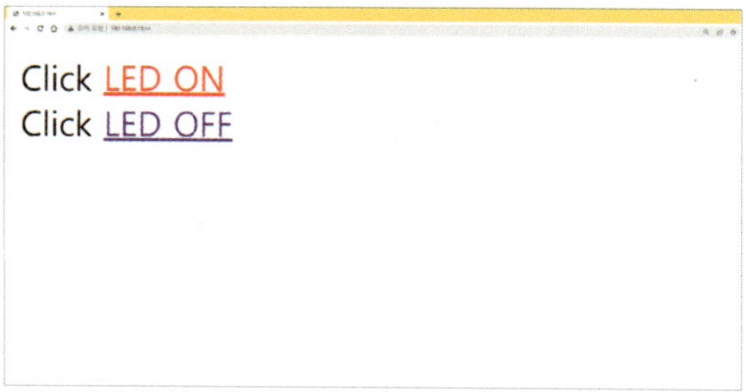

# 21 ThingSpeak for IoT Projects

## ESP32의 인터넷서비스(ThingSpeak) 활용 방법을 알아보자.

ESP32와 센서들을 활용해 내 방의 정보를 확인하여 보자. 센서를 통하여 실내의 여러 정보들을 얻어내고 이러한 정보들을 인터넷서비스(ThingSpeak)를 활용하여 어디에서나 확인할 수 있도록 해 보고자 한다.

우선 실내의 밝기를 측정하는 기본적인 테스트를 해보자.

ESP32 보드의 쉴드 34핀에 CdS 센서모듈을 연결하고 이를 사용하기 위한 코드를 작성한다. 사용하고자 하는 CdS 센서모듈은 ESP32의 내부저항을 사용하여야 작동하는 구조로 만들어져 있으므로 INPUT_PULLUP 코드를 이용하여 ESP32의 내부 풀업저항을 활성화시켜야 한다.

이렇게 코드를 작성하면 0~4095의 값이 센서를 통해 측정되는데, 우리가 이해하기 좋은 형태인 0~100%로 바꿔서 표현해 보자. 또한 PULLUP은 0%가 밝은 상태, 100%가 어두운 상태를 나타내므로 이를 반대로 표현하는 것이 좋을 것 같다. 즉, 0%은 어두운 상태, 100%는 밝은 상태로 표현하기 위해 코드를 변경하였다.

**예제 1**

```
int cds = 34;

void setup() {
  Serial.begin(115200);
  pinMode(cds, INPUT_PULLUP);
}

void loop() {
  int sensor1 = light();
  Serial.println(sensor1);
  delay(100);
}

int light(){
  int cds_val = analogRead(cds);
  int value = map(cds_val, 0, 4095, 100, 0);
  return value;
}
```

예제 코드에서 value = map(cds_val, 0, 4095, 100, 0)에서 이런 과정이 일어난다. cds_val 값은 0~4095까지의 입력값이 발생하는데 이를 100~0의 범위로 변경하는 코드이다. 따라서 센서에서 추출된 0~4095의 값은 밝은 정도에서 어두운 정도까지를 0~4095의 값으로 입력되지만 계산 후의 값은 밝은 정도에서 어두운 정도까지를 100~0으로 나타난다.

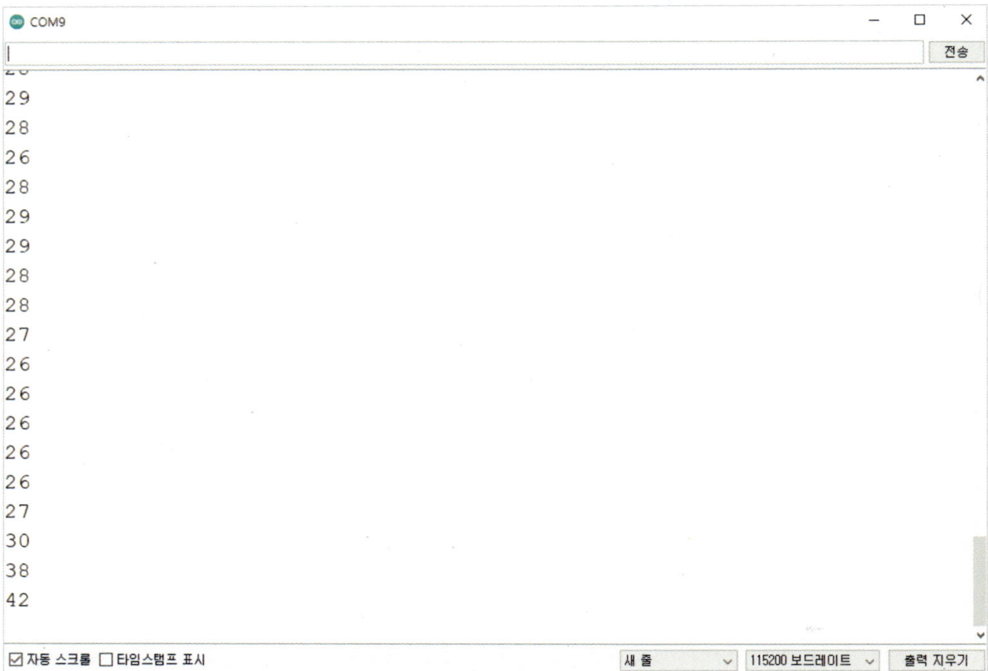


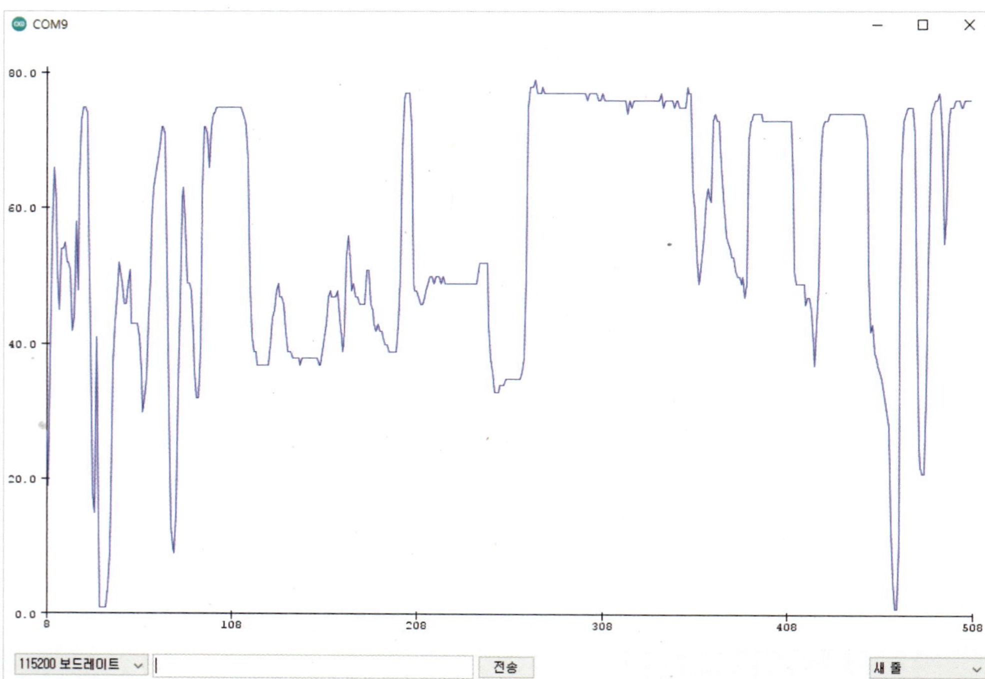

이번에는 초음파센서를 사용하여 내 방의 컴퓨터를 누군가 사용하고 있는지, 또 사용 시간은 어느 정도인지 측정해 본다고 가정을 해보자. 측정된 결괏값은 cm단위이다. 이때 시리얼 모니터를 통해서 측정된 결괏값을 보는 것보다 시리얼 플로터를 통하여 그래프로 나타낸 결괏값을 확인하면 내 컴퓨터 앞에 사람이 있는지의 여부를 한눈에 구분할 수 있을 것이다.

새로운 함수를 사용하였는데 constrain() 함수이다. constrain() 함수는 최솟값과 최댓값을 지정하여 최솟값보다 작은 값과 최댓값보다 큰 값은 버리는 함수이다. 예를 들어 초음파센서(HC-SR04)는 센서 자체의 성능상 3cm 미만의 값은 신뢰하기 어렵다. 또한 제조사의 스펙으로는 3m 이상도 측정할 수 있다고 하지만 실제로는 250cm 이상의 측정값은 부정확한 경우가 많다. 뿐만 아니라 컴퓨터 앞에 사람이 있는지 여부를 판단하기에 1m 이상의 거리를 측정하는 것도 불필요한 상황이다. 오히려 2m 전방에 사람이 있다고 할지라도 컴퓨터를 사용하는 것으로 보기에는 어렵기 때문에 불필요하다. 이처럼 신뢰하기 어려운 데이터나 불필요한 데이터를 버리기 위해 사용하는 것이 constrain()이다. 아래의 코드에서는 3cm~100cm 이내에 장애물이 인식되는지만 판단하기 위한 코드이다.

**예제 2**

```
int trig  = 13;
int echo = 14;

void setup() {
  Serial.begin(115200);
  pinMode(trig, OUTPUT);
  pinMode(echo, INPUT);
}

void loop() {
  float sensor2 = ultrasonic();
  Serial.println(sensor2);
  delay(100);
}

float ultrasonic(){
  digitalWrite(trig, HIGH);
  delayMicroseconds(5);
  digitalWrite(trig, LOW);
  float cm = pulseIn(echo, HIGH)/58.0;
  float value = constrain(cm, 3.0, 100.0);
  return value;
}
```

pulseIn(); 함수는 펄스신호가 돌아오기까지의 시간을 계산하는 함수이다. 이 함수는 초음파 센서의 신호값이 돌아오는 것을 기다리는 것도 계산할 수 있을 뿐만 아니라 HIGH 또는 LOW 신호가 몇 마이크로초 동안 들어왔는지를 계산해주는 기능을 한다.

초음파 속도는 1초에 340m를 가는데 왕복하는 것을 편도를 바꾸기 위해 1/2을 곱해주면, "float cm = pulseIn(echo, HIGH)/58.0;"와 같은 식이 나온다.

코드에서처럼 초음파센서의 trig 핀은 13핀, echo 핀은 14핀에 연결한다. 주의할 점은 초음파센서의 제조사에서는 5V를 사용하기를 권장하고 있다. VCC를 3.3V에 연결해서 작동이 불안정한 경우에는 5V에 연결하기를 바란다.

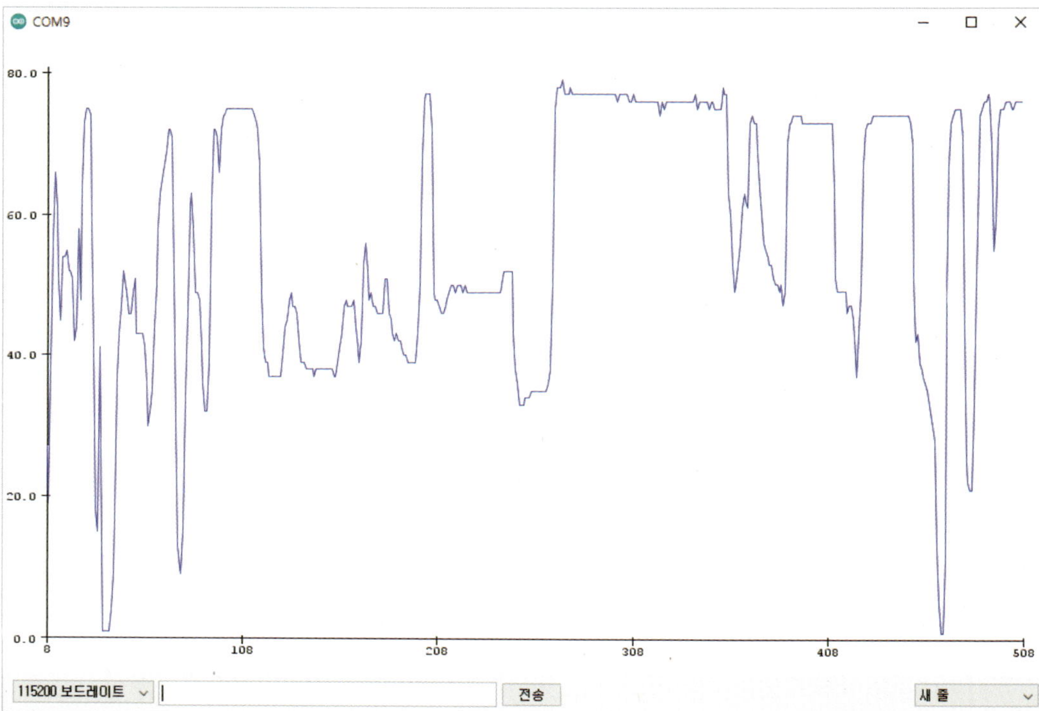

초음파센서(HC-SR04)

Vcc-5V / Trig-13핀 / Echo-14핀 / Gnd-GND

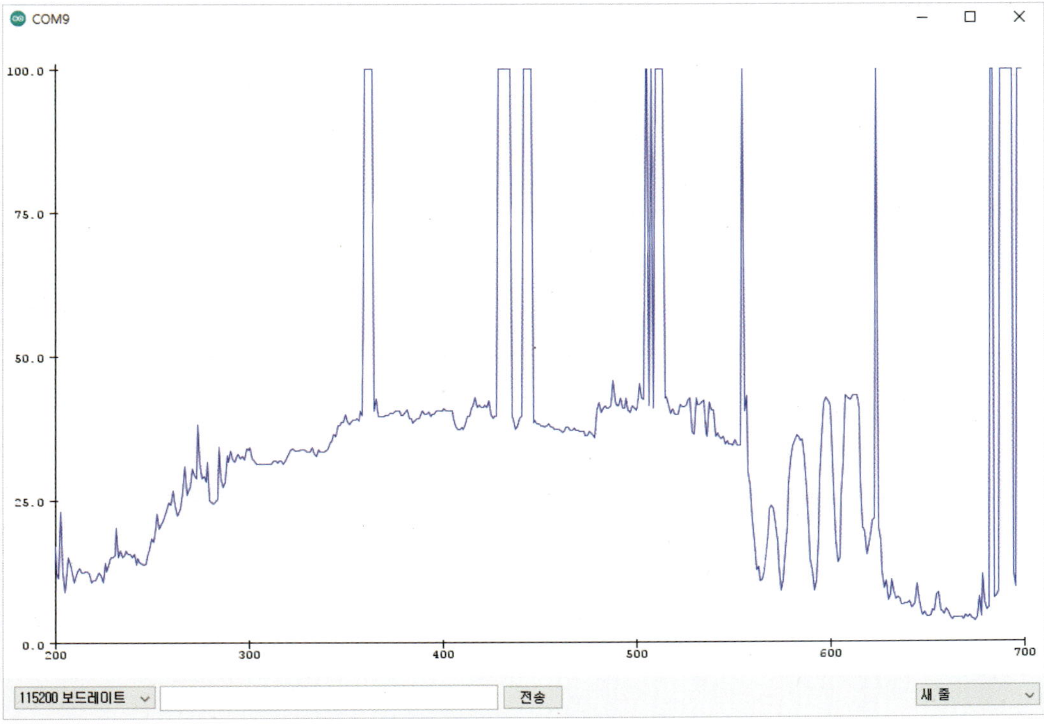


이제 우리는 위의 2가지 센서를 한번에 사용하여 측정하고 그 측정된 결괏값을 ThingSpeak 라는 사이트에 연결하여 업로드하고자 한다.

위의 2가지 코드를 다음과 같이 일단 하나의 코드로 변경시켜보자.

예제 3

```
int cds = 34;
int trig = 13;
int echo = 14;

void setup() {
  Serial.begin(115200);
  pinMode(cds, INPUT_PULLUP);
  pinMode(trig, OUTPUT);
  pinMode(echo, INPUT);
}

void loop() {
  int sensor1 = light();
  float sensor2 = ultrasonic();
  Serial.print(sensor1);
  Serial.println(sensor2);
  delay(200);
}

int light(){
  int cds_val = analogRead(cds);
  int value = map(cds_val, 0, 4095, 100, 0);
  return value;
}

float ultrasonic(){
  digitalWrite(trig, HIGH);
  delayMicroseconds(5);
  digitalWrite(trig, LOW);
  float cm = pulseIn(echo, HIGH)/58.0;
  float value = constrain(cm, 3.0, 100.0);
  return value;
}
```

sketch_dec25a | 아두이노 1.8.19

파일 편집 스케치 툴 도움말

sketch_dec25a §

```
int cds  = 34;
int trig = 13;
int echo = 14;

void setup() {
  Serial.begin(115200);
  pinMode(cds, INPUT_PULLUP);
  pinMode(trig, OUTPUT);
  pinMode(echo, INPUT);
}

void loop() {
  int sensor1 = light();
  float sensor2 = ultrasonic();
  Serial.print(sensor1);
  Serial.print(',');
  Serial.println(sensor2);
  delay(200);
}

int light(){
  int cds_val = analogRead(cds);
  int value = map(cds_val, 0, 4095, 100, 0);
  return value;
}

float ultrasonic(){
  digitalWrite(trig, HIGH);
  delayMicroseconds(5);
  digitalWrite(trig, LOW);
  float cm = pulseIn(echo, HIGH)/58.0;
  float value = constrain(cm, 3.0, 100.0);
  return value;
}
```

```
Leaving...
Hard resetting via RTS pin...
```

36 ESP32 Dev Module, Disabled, Default 4MB with spiffs (1.2MB APP/1.5MB SPIFFS), 240MHz (WiFi/BT), QIO, 80MHz, 4MB (32Mb), 921600, None on COM9

COM9

전송

```
44,6.36
36,5.69
33,5.52
35,5.40
28,5.52
32,6.36
38,10.88
37,100.00
34,18.78
32,22.95
32,21.50
29,13.05
29,8.22
29,7.74
29,8.17
28,5.21
28,3.64
28,3.22
25,5.09
29,100.00
27,3.95
```

☑ 자동 스크롤 ☐ 타임스탬프 표시 새 줄 115200 보드레이트 출력 지우기

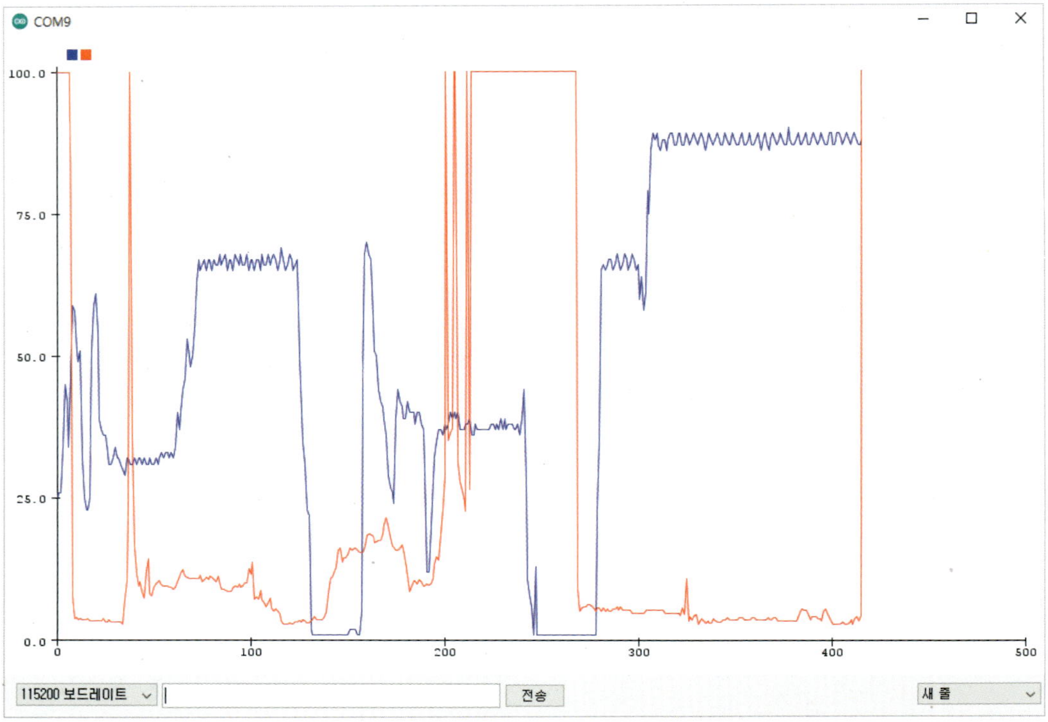


위 그래프에 2개의 데이터가 나타난다. 파란색은 0~100%로 나타낸 빛의 세기를 나타내고, 붉은색은 초음파센서에서 측정된 3~100cm의 거리를 나타낸다. 즉 2가지 센서를 가지고 판단했을 때, 컴퓨터 앞에 60cm 미만에서 장애물이 측정되면 무언가가 컴퓨터를 사용하고 있음을 판단할 수 있다. 이 경우 빛의 밝기도 어두워짐을 확인할 수 있다.

만약 초음파는 장애물을 인식했는데, 어둡기는 변화가 없다거나 어두워졌는데 초음파는 장애물을 인식하지 못했다면 아침이 되어 주변이 밝아졌거나, 전등을 켜거나 하는 상황일 것이다. 따라서 여러 개의 센서를 복합적으로 사용한다면 여러 상황에 대하여 이해하기가 훨씬 수월해질 것이다.

이번에는 이러한 데이터를 ESP32의 WiFi를 이용하여 외부의 서버에 전송해 보도록 하자.
우선 ESP32가 접속할 수 있는 WiFi AP를 검색해 보도록 하자.

**예제 4**

```
#include "WiFi.h"

void setup(){
  Serial.begin(115200);
  WiFi.mode(WIFI_STA);
  WiFi.disconnect();
  delay(100);
}

void loop(){
  int n = WiFi.scanNetworks();
  for (int i = 0; i < n; ++i) {
    Serial.print(i + 1);
    Serial.print(": ");
    Serial.print(WiFi.SSID(i));
    Serial.print(",");
    Serial.println(WiFi.RSSI(i));
    delay(10);
  }
  Serial.println(" ");
  delay(5000);
}
```

라이브러리 파일인 "WiFi.h"를 포함 시킨다.

WiFi.mode(WIFI_STA)는 ESP32에 내장된 와이파이 모듈을 STA 모드(station mode, stand-alone mode) 모드로 사용한다는 뜻이다. 일반적으로 ESP32가 주변의 무선인터넷 AP에 접속하기 위한 모드라고 이해하면 된다.(ESP32보드에 접근하기 위한 WIFI-AP모드도 있다.)

ESP32는 이미 접속한 기록이 있는 AP가 있다면 자동으로 연결하게 되어 있다. 따라서 다른 AP에 접속하거나 코드 테스트를 위해서 혹시 연결된 WiFi AP가 있을 경우 이를 해제하기 위하여 WiFi.disconnect()를 사용한다.

WiFi.scanNetworks()는 주변에서 검색된 AP가 몇 개인지 수치로 알려준다. 위의 코드에서는 WiFi.SSID()와 WiFi.RSSI()만 추출하고 있다. SSID는 접속할 AP의 이름이고, RSSI는 각 AP의 신호의 강도를 나타낸다.

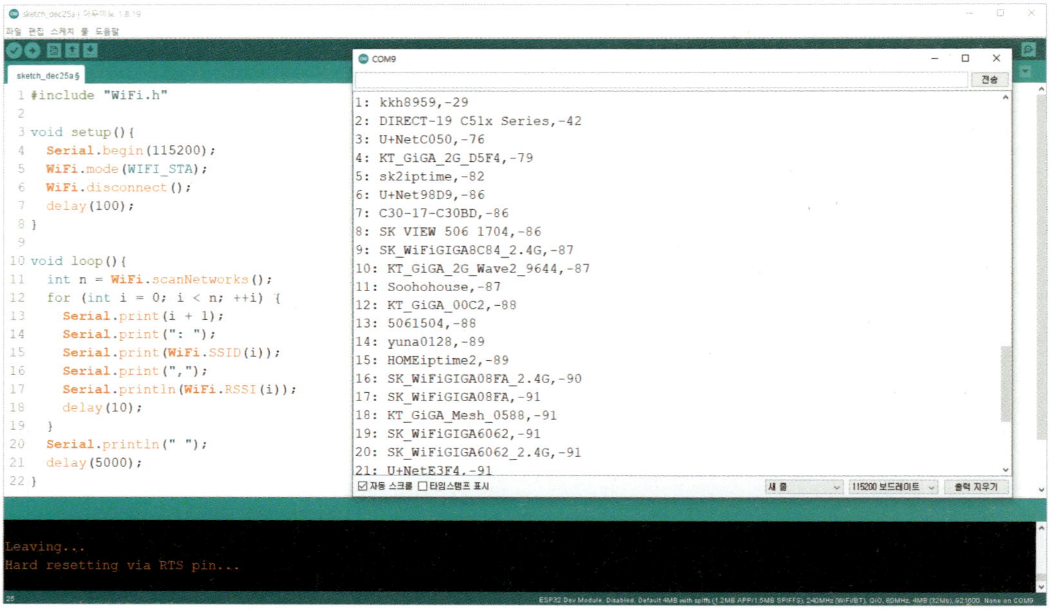


코드를 ESP32에 업로드하고 실행시켜보면 위의 데이터들과 같이 출력된다. 신호의 강도로 보아 kkh8959라는 AP가 가장 강한 것으로 보아 가장 가깝게 위치한 AP로 판단된다. 위의 AP중 1번 kkh8959라는 AP에 접속하고자 한다.

참고로 통상 가정용 AP는 2.4GHz와 5.0GHz의 2가지 주파수 대역을 이용하여 인터넷서비스를 제공하는데 ESP32에 내장된 WiFi 모듈은 5.0GHz는 지원하지 않는다는 점이다. 따라서 2.4GHz를 지원하는 AP를 선택하여야만 제대로 사용할 수 있다.

주변의 AP 검색까지 완료했다면 이젠 ThingSpeak용 라이브러리를 추가해 보자.

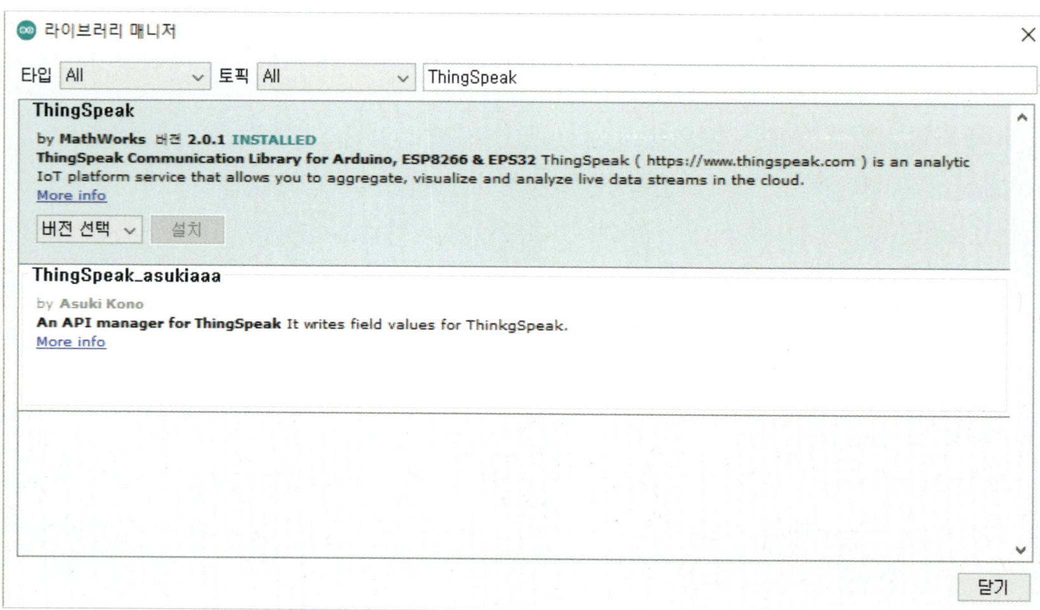

ThingSpeak 사이트에 접속하여 내가 전송하는 데이터를 기록할 수 있도록 환경을 구축해 보도록 하자. 크롬 등의 웹브라우저를 이용하여 https://thingspeak.com 에 접속한다.

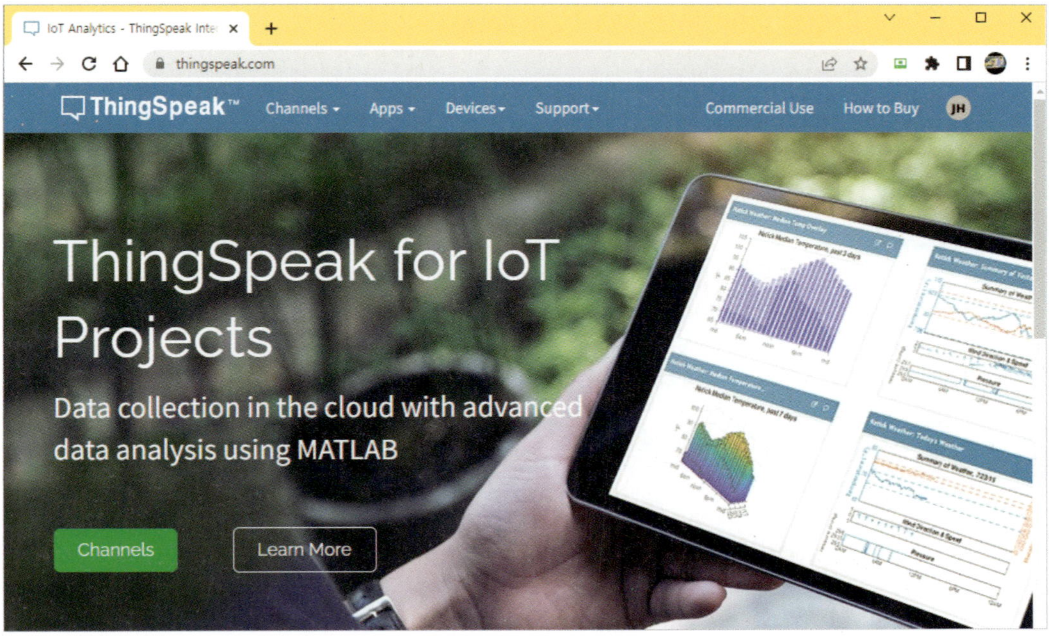


사이트 우측 상단의 Sign in을 클릭하면 다음 화면처럼 로그인 또는 회원가입을 할 수 있는 화면이 나타난다. Create one!를 클릭하여 회원가입을 하기 바란다.

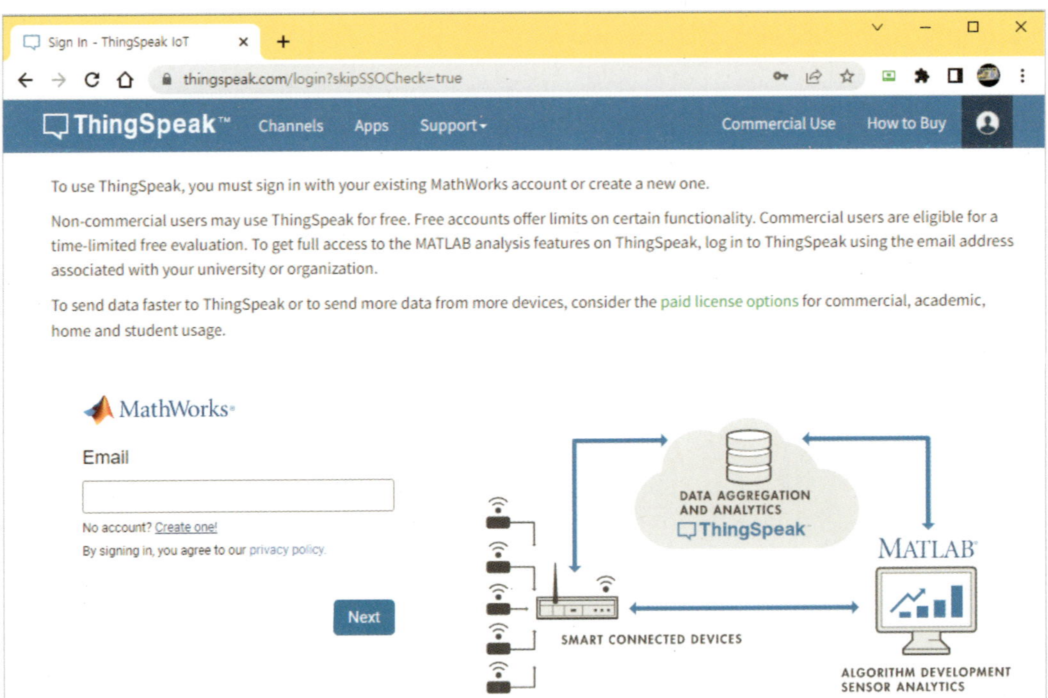

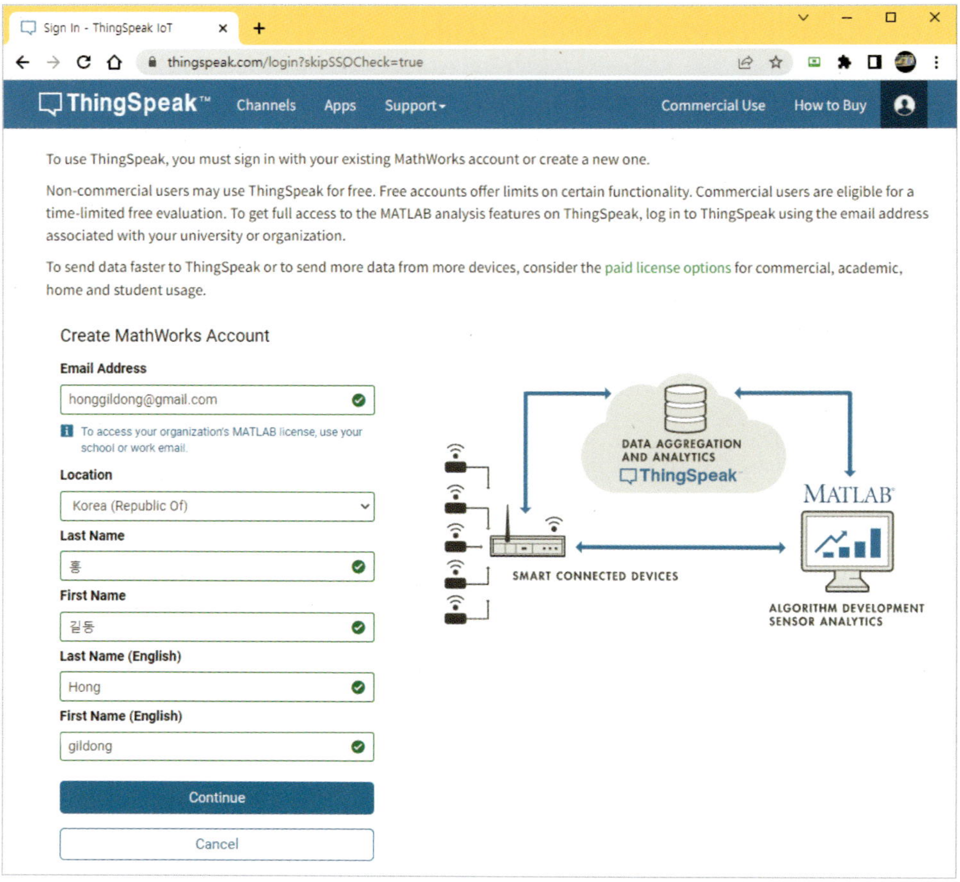

회원가입을 하고 로그인을 한 후 다음처럼 Channels => My Channels를 클릭한다.

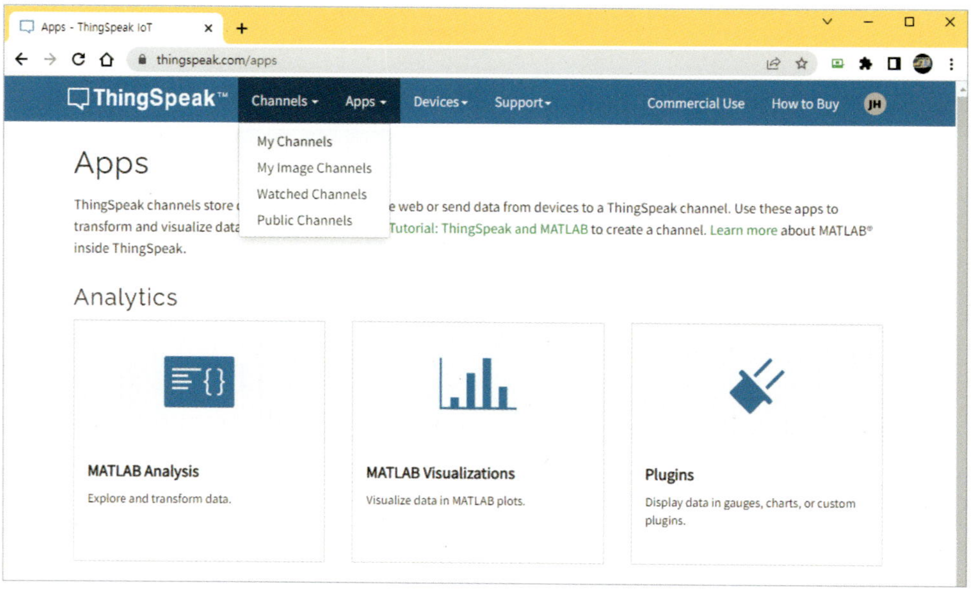

New Channel을 클릭하여 새로운 채널을 만든다. 여기에서 채널은 내 방의 정보를 수집하는 ESP32의 데이터를 기록하기 위한 공간이라고 생각하면 된다.

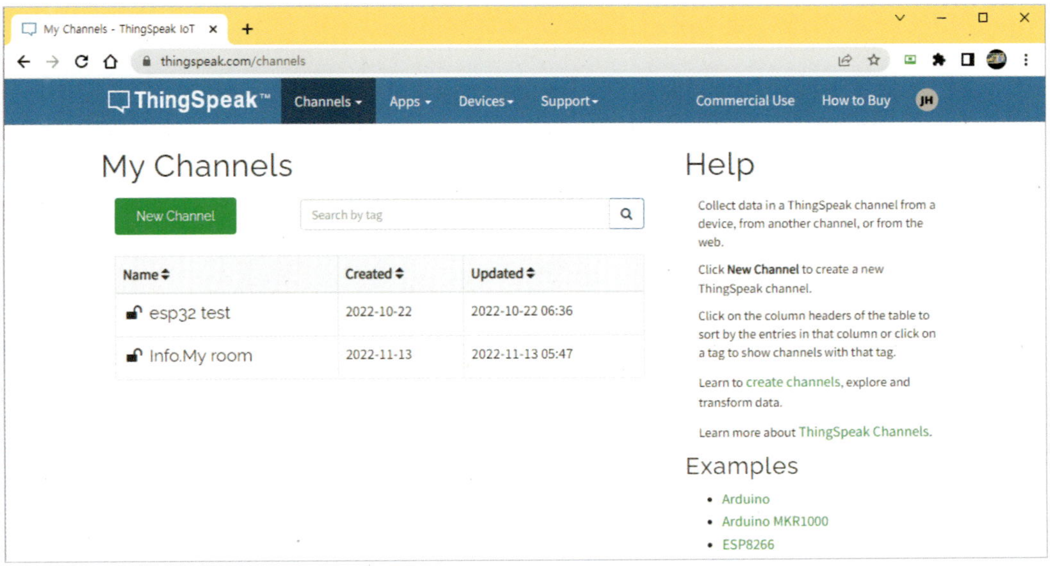

Name을 입력하고, 실제 데이터를 기록하기 위한 Field를 생성한다. 각각의 Filed는 센서값을 저장하는 필드이다. 우리는 2가지의 정보를 기록할 예정이므로 Field1, Field2를 사용하고자 한다.

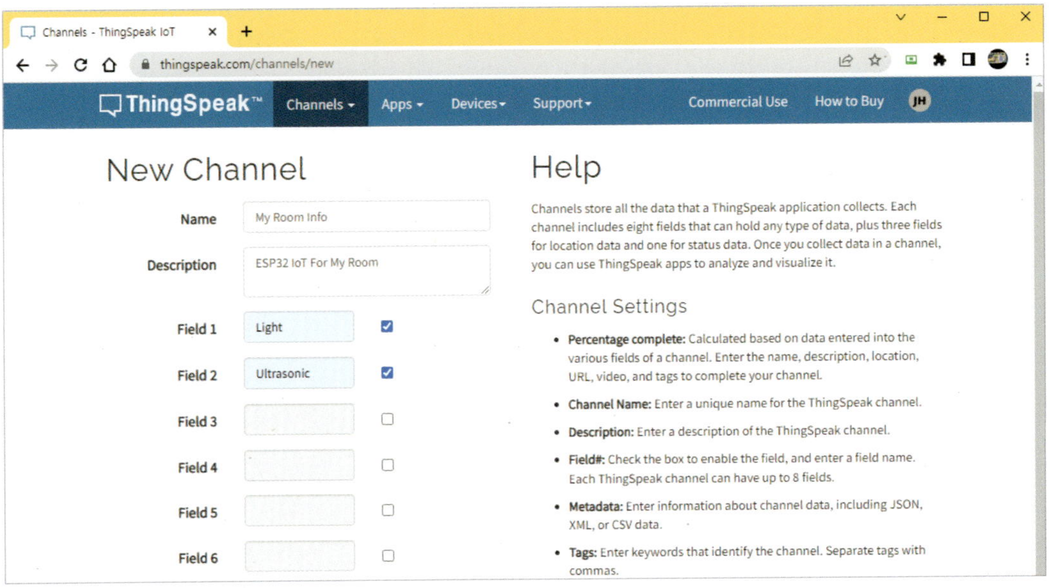

스크롤을 내려 'Save Channel'을 버튼을 눌러 채널이 만들어지면 다음과 같은 화면이 나타난다.

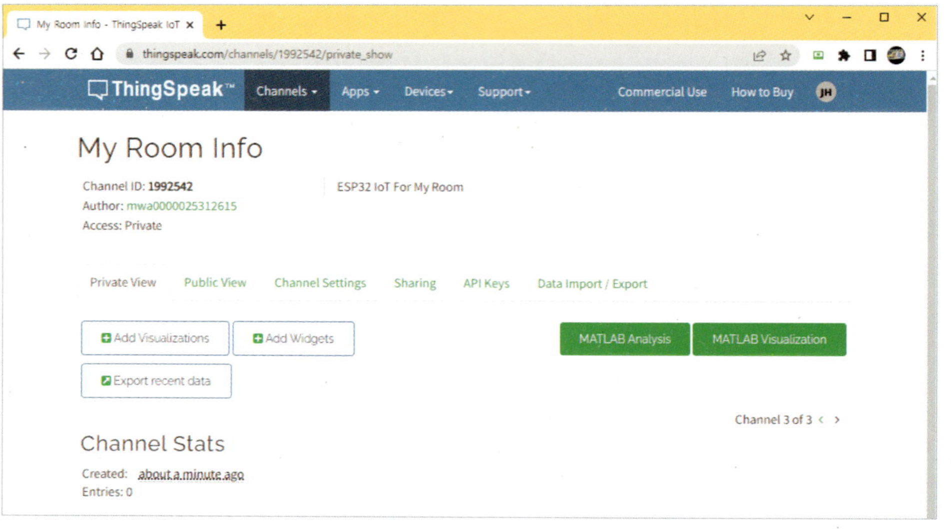

이 화면에서 Channel ID: 1992542를 주의 깊게 보아야 한다. 여기에서 적혀있는 Channel ID는 실제 ESP32 코드에서 사용하기 때문이다. 센서를 추가하여 새로운 필드가 필요한 경우에는 Channel Settings 메뉴에서 필드를 추가하거나 변경할 수 있으며 채널 자체를 삭제하는 경우에도 Channel Settings 메뉴를 이용한다.

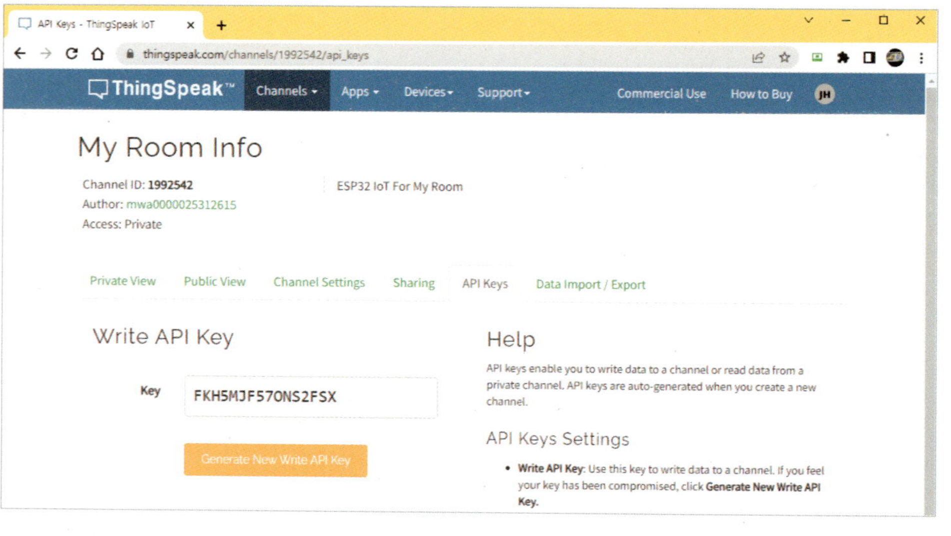

API Keys 메뉴를 선택하면 Write API Key, Read API Keys 등을 확인할 수 있다. 이 API Key는 ESP32에서 전송되는 데이터를 ThingSpeak에 저장할 때마다 서버의 문을 여는 열쇠와 같은 역할을 한다. 따라서 이 또한 ESP32 코드에서 문자열 형태로 사용하게 된다.

New Channel 또는 Channel Settings에서 생성한 Field는 기본적으로 Private View에 나타난다. Private View에 나타난다는 것은 인터넷에 접속 가능한 곳에서는 어디에서나 확인이 가능하다는 것이다. 다만 로그인한 본인만 확인이 가능하다. 그러나 Sharing 메뉴에서 모두가 볼 수 있도록 설정을 변경하면 Public View에서도 해당 필드가 나타나면서 인터넷에 접속하는 사람에게 모두 오픈된다.

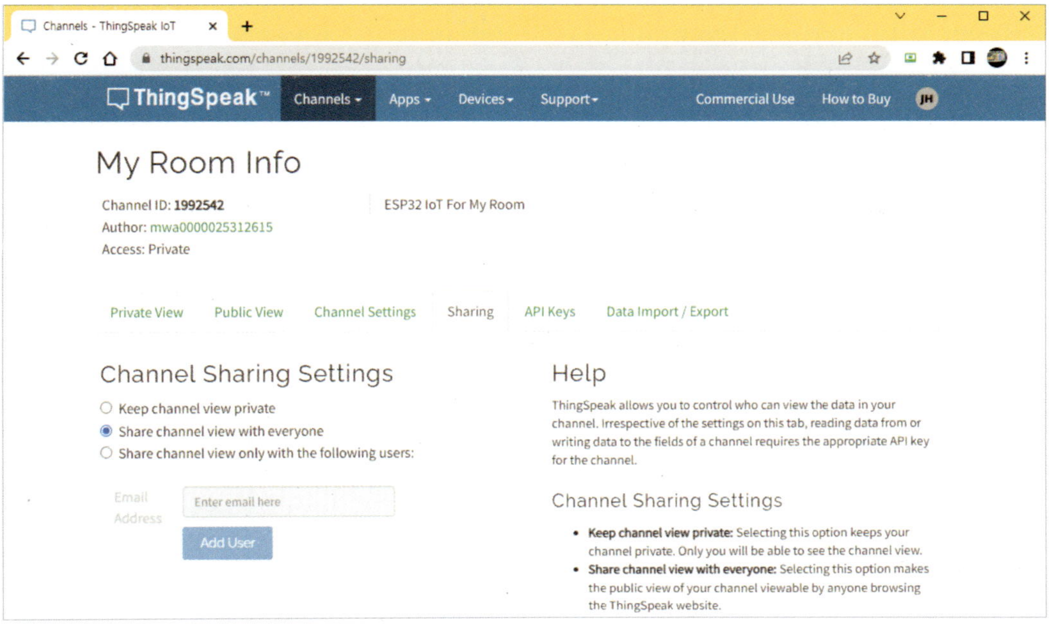


Private View 또는 Public View 메뉴를 선택하면 다음과 같이 Field별 차트가 이미 만들어져 있을 것이다. 각 필드의 차트에서 연필모양을 클릭하여 필드별 세팅을 하여야 한다.

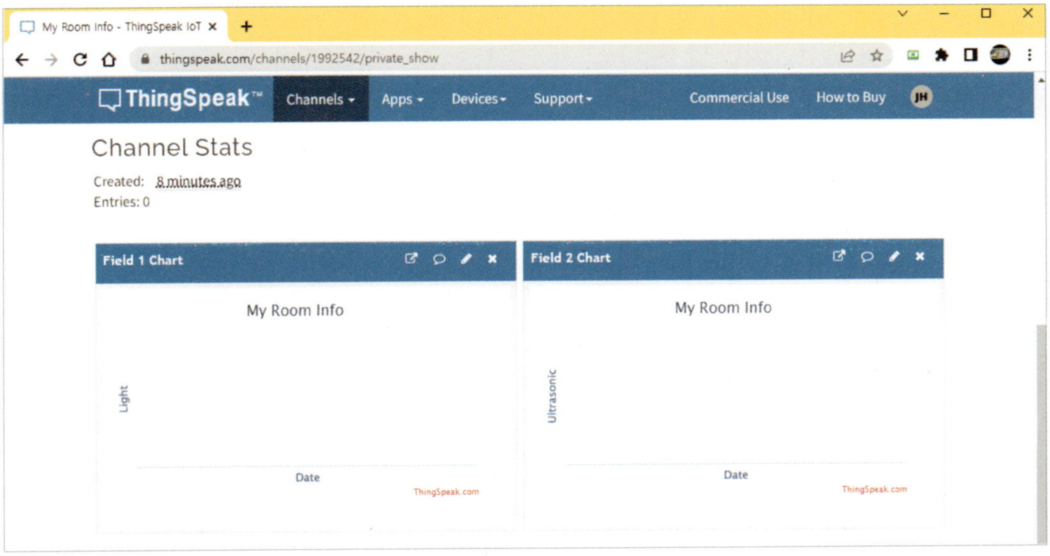


Title는 필드의 타이틀을 입력하거나, 그 외의 정보들을 입력한다. 기본 셋팅을 사용하여도 된다. 이제 ThingSpeak의 환경설정은 끝났다. ESP32 코드에 추가하기 위해서 채널 ID과 Write API Key는 기억해두록 한다.

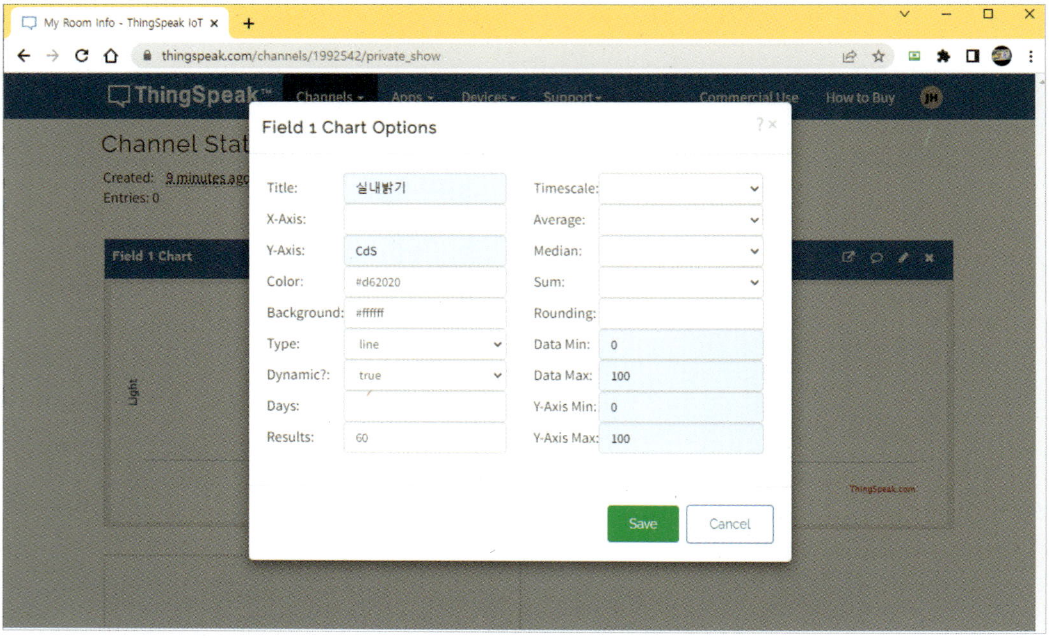


이제 ESP32 테스트코드를 작성해 보고 ThingSpeak에 데이터가 성공적으로 업로드되는지 확인해 보자. 다음의 코드는 ThingSpeak 라이브러리를 활용하기 위한 기본 테스트 코드이다. WiFi.begin(SSID, PASS) 식으로 실제 SSID와 패스워드를 사용한다. 아래의 코드에서는 접속하기 위한 무선인터넷 AP의 SSID 이름이 "kkh8959" 이며, 패스워드는 "jw_wifi" 인 상황이다.

시리얼모니터를 통하여 5초에 1회씩 "."을 1개씩 찍으며 접속을 시도하는 것이다. 더이상 "."이 찍히지 않으면 접속에 성공했다는 뜻이 될 것이다.(5초 정도 이상 연결대기 시간을 넉넉히 주기 바란다. 연결과정이 채 이루어지기 전에 다시 재접속을 시도하면 연결이 잘 안된다.) 와이파이 연결이 잘 되었다면, 다음 과정은 ThingSpeak에 데이터를 보내는 것이 전부이다. ThingSpeak.writeFields(채널ID, APIKEY)는 해당 채널의 APIKEY를 이용하여 필드에 설정된 데이터를 전송한다.

```
int x = ThingSpeak.writeFields(1992542, "FKH5MJF57ONS2FSX");
```

ThingSpeak의 채널(자신이 만든 IoT 서비스 채널)이 예를 들어 1992542이고, 데이터를 기록하기 위한 API키가 "FKH5MJF57ONS2FSX"라면 다음처럼 작성하여 데이터를 전송하게 된다. 이때 ThingSpeak.writeFields()는 정상적으로 데이터가 전송되면 200 이라는 값을 돌려준다. 즉, x=200 이 되는 것이다. 정상적으로 데이터가 전송되지 못하면 상황에 따른 에러코드를 돌려준다.

채널에 만든 여러 개의 필드에 실제 데이터를 보내기 위해서는 다음과 같이 설정한다.

ThingSpeak.setField(1, sensor1);

ThingSpeak.setField(2, sensor2);

ThingSpeak 서비스는 IoT 서비스를 무료로 제공하는 사이트이다. 인터넷 속도, 이용자의 데이터 수집정도에 따라 제한이 있는데, 최대한 빠른 속도로 데이터 수집을 한다고 해도 15초 간격으로 업데이트 하고 있다. 즉 ESP32로 데이터를 수집하고 전송할 경우에도 15초 보다 빠르게 하는 것은 의미가 없다는 뜻이다.

**예제 5**

```
#include <WiFi.h>
#include "ThingSpeak.h"
WiFiClient esp32;

void setup() {
  Serial.begin(115200);
  WiFi.mode(WIFI_STA);
  ThingSpeak.begin(esp32);
}

void loop() {
  if(WiFi.status() != WL_CONNECTED){
    while(WiFi.status() != WL_CONNECTED){
      WiFi.begin("kkh8959", "jw_wifi");
      Serial.print(".");
      delay(5000);
    }
  }
  int sensor1 = 50;
  float sensor2 = 100.0;
  ThingSpeak.setField(1, sensor1);
  ThingSpeak.setField(2, sensor2);
  int x = ThingSpeak.writeFields(1992542, "FKH5MJF57ONS2FSX");
  if(x==200){
    Serial.println("Update OK!!");
  }
  delay(15000);
}
```

sketch_dec25a | 아두이노 1.8.19

파일 편집 스케치 툴 도움말

sketch_dec25a §

```
#include <WiFi.h>
#include "ThingSpeak.h"
WiFiClient esp32;

void setup() {
  Serial.begin(115200);
  WiFi.mode(WIFI_STA);
  ThingSpeak.begin(esp32);
}

void loop() {
  if(WiFi.status() != WL_CONNECTED){
    while(WiFi.status() != WL_CONNECTED){
      WiFi.begin("kkh8959", "jw_wifi");
      Serial.print(".");
      delay(5000);
    }
  }
  int sensor1 = 50;
  float sensor2 = 100.0;
  ThingSpeak.setField(1, sensor1);
  ThingSpeak.setField(2, sensor2);
  int x = ThingSpeak.writeFields(1992542, "FKH5MJF57ONS2FSX");
  if(x==200){
    Serial.println("Update OK!!");
  }
  delay(15000);
}
```

```
Leaving...
Hard resetting via RTS pin...
```

32 ESP32 Dev Module, Disabled, Default 4MB with spiffs (1.2MB APP/1.5MB SPIFFS), 240MHz (WiFi/BT), QIO, 80MHz, 4MB (32Mb), 921600, None on COM9

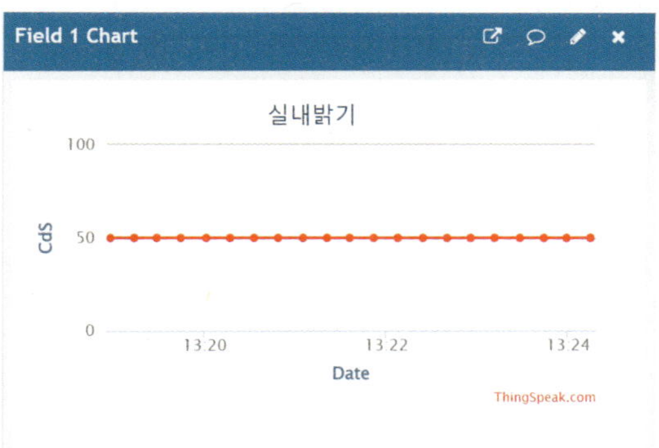


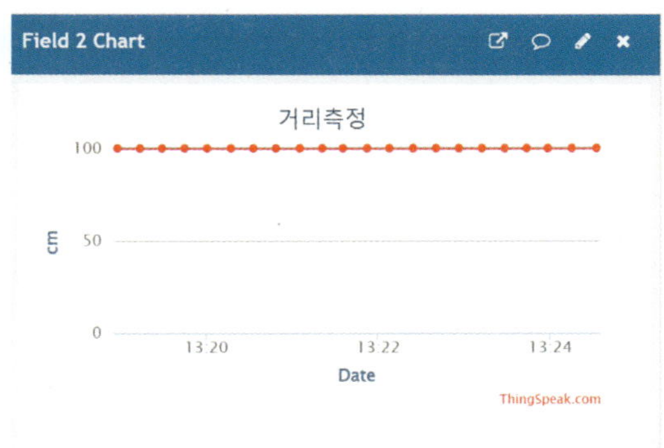


위의 ThingSpeak의 채널과 필드에 데이터가 정상적으로 나타나면 테스트는 끝났다. 이젠 실제 데이터를 전송하는 코드를 작성해 보자.

**예제 6**

```
#include <WiFi.h>
#include "ThingSpeak.h"
WiFiClient esp32;

int cds  = 34;
int trig  = 13;
int echo = 14;
```

```
void setup() {
  Serial.begin(115200);
  pinMode(cds, INPUT_PULLUP);
  pinMode(trig, OUTPUT);
  pinMode(echo, INPUT);
  WiFi.mode(WIFI_STA);
  ThingSpeak.begin(esp32);
}

void loop() {
  if(WiFi.status() != WL_CONNECTED){
    while(WiFi.status() != WL_CONNECTED){
      WiFi.begin("kkh8959", "jw_wifi");
      Serial.print(".");
      delay(5000);
    }
  }
  int sensor1 = light();
  float sensor2 = ultrasonic();
  ThingSpeak.setField(1, sensor1);
  ThingSpeak.setField(2, sensor2);
  int x = ThingSpeak.writeFields(1992542, "FKH5MJF57ONS2FSX");
  if(x==200){
    Serial.print(sensor1);
    Serial.print(", ");
    Serial.print(sensor2);
    Serial.println(" => Update Sensor Value");
  }
  delay(15000);
}

int light(){
  int cds_val = analogRead(cds);
  int value = map(cds_val, 0, 4095, 100, 0);
  return value;
}

float ultrasonic(){
  digitalWrite(trig, HIGH);
  delayMicroseconds(5);
  digitalWrite(trig, LOW);
  float cm = pulseIn(echo, HIGH)/58.0;
  float value = constrain(cm, 3.0, 100.0);
  return value;
}
```

위 코드에서 시리얼모니터로 출력되는 데이터는 다음과 같다. 빛의 밝기와 초음파로 측정한 거리 데이터이다. ThingSpeak에 데이터 전송이 성공하면 200이라는 값이 되돌아온다. 그렇기 때문에 다음의 메시지가 출력되는 것은 ThingSpeak에 정상적으로 업로드되었다는 뜻이 된다.

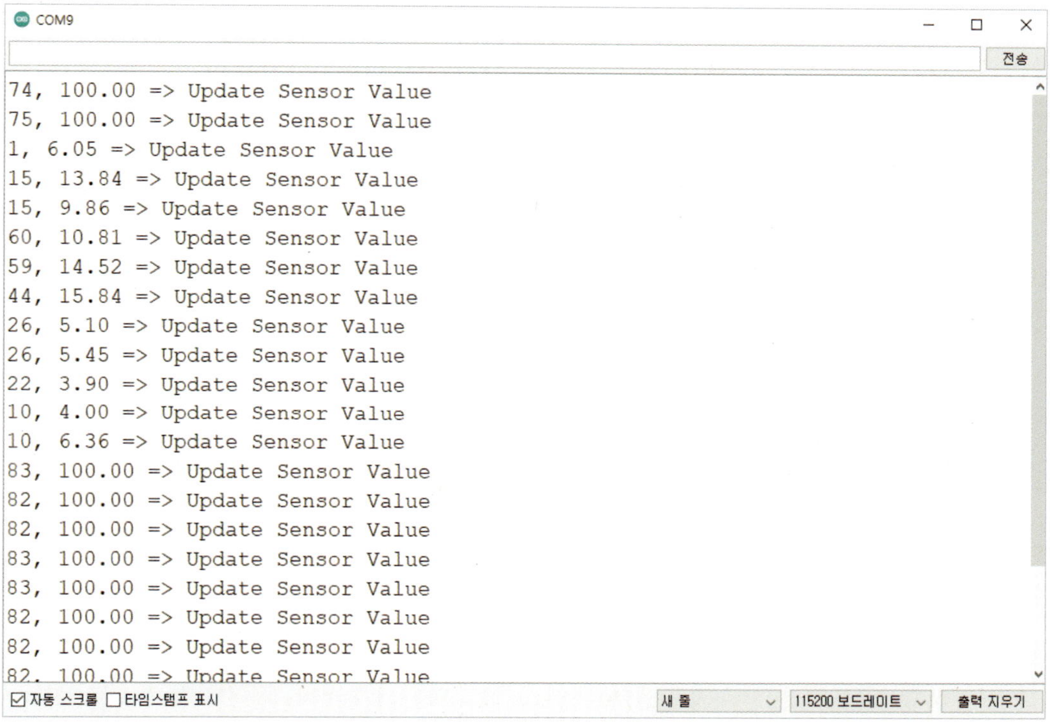


ThinkSpeak에서도 위 그림처럼 정상적으로 데이터가 기록되었음을 확인할 수 있다. 또한 각 필드에 업로드된 데이터를 바탕으로 Widgets을 추가할 수도 있다. 위젯의 종류가 다양하지는 않지만 해보기 바란다.

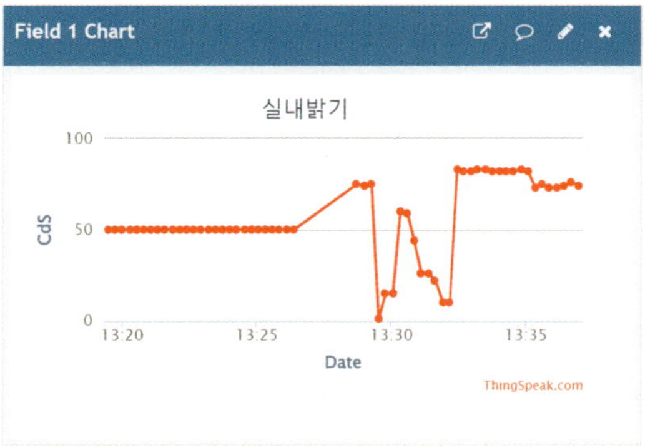


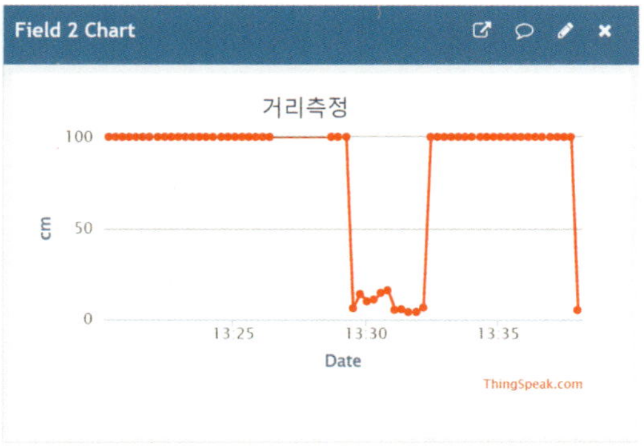


ThingSpeak는 스마트폰을 위한 앱을 직접 제공하지는 않지만, 이를 지원하는 많은 앱이 개발되어 있다. 따라서 IoT가 필요한 상황에서 별도의 서버를 구축하지 않고도 많은 서비스를 개발하기에 적합하다.

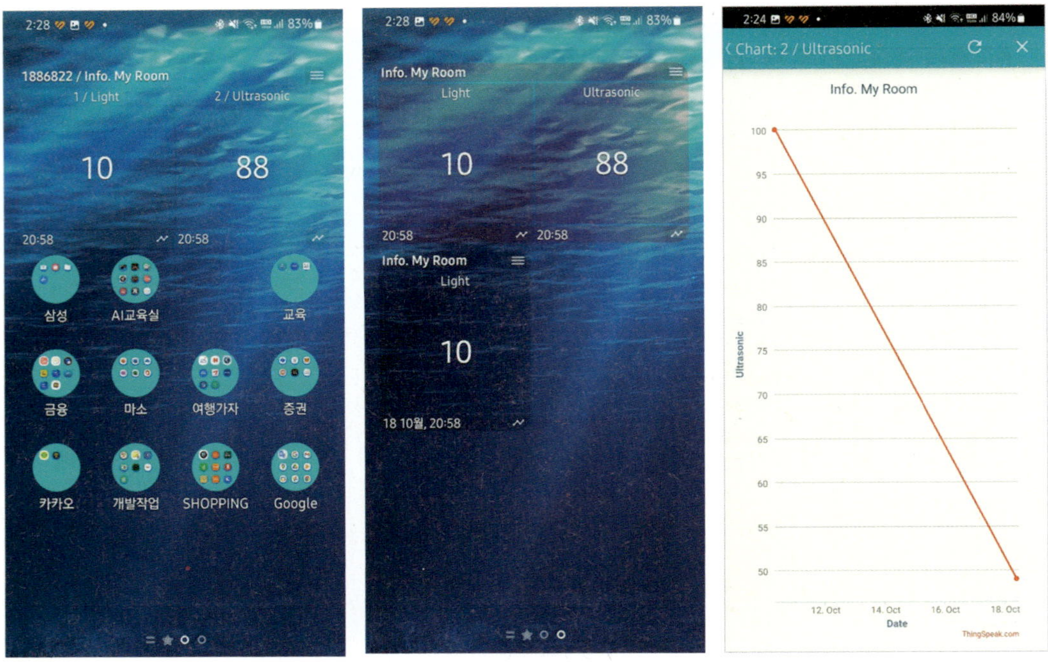


물론, 이런 서비스를 제공하는 곳이 ThingSpeak만 있는 것은 아니다. Blynk와 같은 서비스를 이용하는 것도 좋은 선택이며, 아두이노 사이트에서도 클라우드 방식의 IoT 서비스를 등록하여 사용할 수 있도록 지원하기 시작했다.

이 글에서는 ESP32에 대한 설명을 돕기 위한 글이므로 모든 IoT 서비스를 설명할 필요는 없을 것 같다. ESP32를 WiFi를 이용하여 실제 사물인터넷 서비스를 개발할 수 있음을 설명하는 것은 이 정도에서 마치고자 한다.

# 저자소개

## 하주원

춘천교육대학교 졸업, 인천서화초등학교 교사, 소프트웨어(SW)교육 선도학교 업무를 맡게 되면서 코딩교육에 관심을 가지기 시작했다. 초등학교에 입학한 아들 시후에게 사물인터넷(IoT)에 관해 제대로 알려주고 싶은 마음에 ESP32로 실제 메이커 작업을 하며 이 책을 집필하게 되었다.

「인공지능 메이커 길라잡이 대장장이 스마트보드」, 「p5.js 책 한 권으로 나도 인공지능 프로그래머」 집필, 〈IYRC 국제청소년로봇대회 심사위원〉, 〈인천광역시 SW교육지원센터 인공지능융합교육 교사지원단〉, 〈인천광역시 SW교육지원센터 SW교육 콘텐츠 개발위원〉 등으로 활동 중이다.

진정한 사물인터넷 사용자를 위한

# 하쌤보드로 ESP32 고수되기

2023년 1월 2일 초판 인쇄
2023년 1월 9일 초판 발행

저　　자 하주원
발 행 인 배영환
발 행 처 도서출판 현우사
등록번호 제10-929호
주　　소 서울시 영등포구 영중로 138-1(영등포동 8가 80-2) 드림프라자 B 901호
Tel 02) 2637-4806, 4863 Fax 02) 2637-4807
홈페이지 www.hyunwoosa.co.kr
E-mail okpress1208@naver.com
정　　가 17,000 원
ISBN 978-89-8081-598-2 93000